Dr. med. vet.
Barbara Schöning

ClickerTraining für Pferde

KOSMOS

Und es hat Click gemacht **5**

Wieder eine Mode aus den USA

Das Wie und Warum des Lernens *8*

Fun for two *9*

Lernverhalten – ein bißchen Theorie muß sein **11**

Trivial, aber wichtig 12

Wie lernen Pferde? 14

Die klassische Konditionierung – der Pavlovsche Hund *16*

Die instrumentelle Konditonierung – die Katze in der Puzzlebox *16*

Was haben die Tiere nun dabei gelernt? *19*

Verhalten muß sich lohnen 20

Was ist ein Verstärker für ein Pferd? 22

Primäre Verstärker *22*

Sekundäre Verstärker *23*

Der negative Verstärker – die Strafe *24*

Der Verstärker muß anfangs jedesmal erfolgen *24*

Das Pferd spielt Lotto *25*

Der Clicker verhindert Streß *26*

Strafe bedeutet Aggression *26*

Die letzte Theoriestunde vor der Praxis 28

Positive und negative Verstärkung – ja was denn nun? *28*

Das Pferd lernt immer mehrere Signale *32*

Die graue Theorie wird bunt – der Clicker kommt ins Spiel **33**

Was ist ein Clicker? 34

Wichtige Eigenschaften eines sekundären Verstärkers *34*

Sie kommunizieren mit Ihrem Pferd *34*

Das Signal erhält eine Bedeutung *35*

Wie wird der Clicker zu einem sekundären Verstärker *37*

Die klassische Konditionierung des Clicks ... *38*

... und was dabei im Gehirn passiert *39*

Und jetzt fangen Sie einfach an 41
Der Clicker wird geladen 42
Ein Durcheinander mit den Händen – es sind immer zu wenige 42
Click! Auf das Timing kommt es an 43
Wann ist das Pferd konditioniert? 44
Wie lange muß man den Clicker laden? 45

Vorsicht Falle! 46
Das übermotivierte Pferd 46
Der Taschenkriecher 48
Einmal Clicker – immer Clicker? 50

Das Training mit dem Clicker 51
Shaping 52
Im Grunde kennen Sie es schon 52
Das Training wird gegliedert 53
Gewöhnung an die Trense – ein gutes Beispiel 53
Das Pferd macht alles freiwillig 54
Und jetzt können Sie das Kommando geben 56
Die Belohnung wird variabel 56
Auch Pferde zeigen Frustverhalten 59
Und dann wird Ihr Pferd probierfreudig 60
Ködern Sie Ihr Pferd 61
Endlich - das Signal wird etabliert 62
Was ist das Kommando für das Pferd? 62
Das Pferd korrigiert sich selbst 63

Vorsicht Falle! – Motivationsmangel 64
Lernen dient immer der Optimierung des eigenen Zustandes 65
Der Jackpot 66

Ein Stab zeigt den Weg 67
Der Targetstick 68
So trainieren Sie Ihr Pferd auf den Targetstick 68
Das Pferd folgt dem Targetstick 70
Die Kriterien verschärfen sich 72

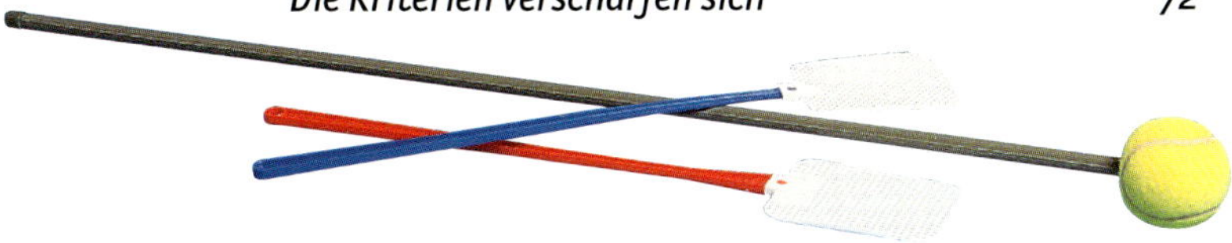

Praktische Übungen am Boden **73**
Das alltagstaugliche Pferd 74
Berührungen am ganzen Körper – Gewöhnungstraining 75
Gewöhnungstraining mit Fohlen 76
Das Halftertraining 78
Führen am Halfter 79
Fuß geben und Fußpflege 82
Den Kopf senken 86
Das Pferd geht auf Kommando weg 87
Das Pferd fragt höflich „bitte" 89
Das Kommando Steh 91
Ihr Pferd hat Angst vor ...? 93
Verladen – diese Höhle ist gefährlich 97
Longieren – am Anfang sind es Kurven 99
Weitere Übungen für den Zirkel 101

Reiten, clicken – und so geht es weiter **104**

Reiten – oder soll Ihr Pferd Kunststücke lernen? 105
Ein Beispiel – das Angaloppieren 106
Das A und O – die Biegung 109
Leider – auch Pferde verlernen 112

Die Methode der unbegrenzten Möglichkeiten 113
Die Trickkiste geht auf 114
Fußballspielen – Schuß und Tor 117

Können Pferde rechnen? 118
Der schlaue Hans 118

Service **121**

Zum Weiterlesen 122
Nützliche Adressen 123
Register 124
Impressum 126

Und es hat Click gemacht

Wieder eine Mode aus den USA?

Nach den „Streichlern“ und „Flüsterern“ kommen nun die Leute, die merkwürdige Geräusche produzieren – und damit soll man Pferde erziehen können? Genau, damit kann man Pferde erziehen!

Wenn Sie dieses Buch in den Händen halten, hat Sie der Titel zumindest neugierig gemacht. Vielleicht kennen Sie das Clickertraining auch schon aus der Arbeit mit Hunden und wollen jetzt lernen, wie Sie es beim Pferd einsetzen können. Und damit sind Sie auch schon mitten im Thema: Neugier, Interesse, etwas Neues kennenlernen bzw. etwas ausprobieren, ist die wichtigste Voraussetzung, um zügig und vor allen Dingen erfolgreich lernen zu können. Dies gilt für den Menschen wie für das Pferd!

Neugier ist die wichtigste Voraussetzung zum erfolgreichen Lernen.

Arbeit muß Spaß machen, sonst läuft Ihnen Ihr Pferd mit Geist und Körper sprichwörtlich weg.

Die Zeiten ändern sich: Verschiedene Personen haben in den letzten Jahren Einfluß auf die Erziehung und Ausbildung von Pferden genommen. Beispielhaft seien hier Linda Tellington-Jones, Pat Parelli und Monty Roberts erwähnt. Alle setzen bei ihrer Arbeit das in langen Jahren der Beobachtung gewonnene Wissen über das Verhalten von Pferden und über den Zusammenhang von Psyche und physischem

Befinden ein, um bestimmte Ausbildungsziele zu erreichen. Ihre Methoden werden von mehr und mehr Reitern in die Ausbildung der Pferde integriert – weil der Erfolg nicht von der Hand zu weisen ist. Zwangsläufig ist es so in den letzten Jahren zu einem langsamen Paradigmenwechsel in der Pferdeausbildung gekommen. Die alte klassische Reit- und Ausbildungslehre, bei der es sehr militaristisch zuging und mit Strenge gearbeitet wurde, wird erfolgreich durch sanftere Methoden ersetzt. Diese neuen Methoden sind so erfolgreich, weil hierbei Prinzipien zum Einsatz kommen, die theoretisches Wissen über das Normalverhalten von Pferden und Wissen über das Lernverhalten kombinieren.

Dieses Pferd schenkt Ihnen seine ganze Aufmerksamkeit.

Das Wie und Warum des Lernens

Immer wenn Menschen einem Tier oder einem anderen Menschen (auch sich selbst!) etwas beibringen, haben sie es mit Lernverhalten zu tun. Dabei ist es unerheblich, ob etwas Neues beigebracht wird oder ob ein bestehendes Verhalten verändert wird, weil es unerwünscht ist. Viele Menschen beeinflussen Verhaltensweisen bei anderen Menschen oder Tieren, ohne sich Gedanken darüber zu machen, wie Lernen überhaupt abläuft. Einige wenige dieser Menschen haben große Erfolge als Trainer. Dies sind Personen, die eine natürliche Begabung zum Unterrichten haben. Sie können sich perfekt auf ihren jeweiligen vier- oder zweibeinigen Schüler einstellen, sie sind Meister in der Kommunikation und haben ein perfektes Timing.

Abgesehen von diesen wenigen Lehrern mit natürlicher Begabung, gibt es sehr viele, die früher oder später auf Probleme beim Unterrichten stoßen. Eine jahrelang praktizierte Methode funktioniert auf einmal nicht mehr, oder der Trainingserfolg stellt sich nur zögernd und schleppend ein, und es herrscht ein mißstimmiges Verhältnis zwischen Lehrer und Schüler. Genau hier ist es hilfreich, sich einen Überblick über die theoretischen Grundlagen des Lernens zu verschaffen. Wenn Sie die Grundlagen beherrschen, können Sie sie später individuell variieren und dem jeweiligen auszubildenden Pferd oder Reiter anpassen. Wenn Sie wissen, wie und warum das jeweilige Gegenüber lernt, erreichen Sie schneller das Ausbildungsziel, und das Erlernte sitzt so nebenbei auch perfekter.

Clickertraining ist eine Trainingsmethode, die sich ganz massiv der lerntheoretischen Grundlagen bedient – was nicht heißen soll, daß es die einzige und ausschließliche Methode ist, mit der man zum Erfolg kommen kann. Ganz im Gegenteil: Wenn Sie in einem auf den Boden gezeichneten Kreis stehen, haben Sie zunächst immer 360 Möglichkeiten, aus diesem Kreis herauszutreten, und jede ist erst einmal richtig. Erst im Laufe der tatsächlichen Tätigkeit (Heben des Beines, Schritt über die Linie) werden sich einige Möglichkeiten als praktikabler und andere als ungünstiger erweisen – und dementsprechend werden Sie Ihre Tätigkeit variieren. Vielleicht ist der Kreis auf einer Seite eng an einer Wand entlang gemalt: Hier wäre ein Versuch ungünstig, weil Sie mit dem Bein schnell gegen die Mauer stoßen. Genauso ist es beim Training. Man rennt manchmal sprichwörtlich gegen Mauern, muß sich neu orientieren und einen anderen Trainingsansatz ausprobieren, um dadurch zum Erfolg zu kommen.

Und so sehe ich dieses Buch: Ich möchte Ihnen eine zusätzliche Möglichkeit vorstellen, wie Sie das Verhalten Ihres Pferdes erfolgreich und nach Ihren Vorstellungen beeinflussen und verändern können.

Clickertraining soll Ihre „Zauberkiste“ für die Ausbildung ergänzen und erweitern. Nebenbei möchte ich Ihnen auch einen theoretischen Überblick über die Grundlagen des Lernens geben, damit Sie bei Problemen im Training, auch mit anderen Methoden, überlegen können, warum etwas nicht funktioniert und wie Sie das Problem lösen können.

Fun for two

Ausbildung soll beiden Spaß machen – Pferd und Reiter. Dies war für mich persönlich immer ein zentraler Punkt bei der Beschäftigung mit meinem Pferd und hat mir früher jahrelang den Platz eher neben als auf Pferden beschert. Ich war immer auf der Suche nach

Das Verhältnis zwischen Lehrer und Schüler muß stimmen.

Trainingsmethoden, bei denen ich (als reine Spaß- und Hobbyreiterin) mit meinen Reitkünsten Freude und Erfolgserlebnisse hatte und bei denen mein Pferd auch Freude und Erfolg haben konnte.

Mit der praktischen Anwendung der Lerntheorie, unter anderem im Clickertraining, habe ich diese Methode gefunden. Ich wünsche Ihnen, daß Sie beim Lesen des Buches und beim Ausprobieren der Übungen, egal ob Sie Hobbyreiter sind oder sportliche Erfolge erringen möchten, genauso viel Spaß und Erfolg haben werden.

Solch ein Lehrer-Schüler-Verhältnis wäre keine gute Voraussetzung für das Training.

Lernverhalten – ein bißchen Theorie muß sein

Trivial, aber wichtig

Es gibt drei Grundsätze für Lebewesen, die so universell und fast schon banal sind, daß sie leicht vergessen oder übersehen werden. Es ist aber gerade für Trainer wichtig, sich von Zeit zu Zeit daran zu erinnern.

1. Ein Lebewesen kann nicht nicht-lernen. Lernen ist etwas, was immer stattfindet. Ihr Pferd lernt nicht nur in den Momenten, in denen Sie aktiv mit ihm trainieren. Lernen bedeutet, Verhalten durch Erfahrungen zu verändern – und Erfahrungen macht ein Lebewesen immer, solange es lebt. Permanent werden Signale (=Reize) aus der Umgebung über die Sinnesorgane aufgenommen und im Gehirn verarbeitet. Das Gehirn entscheidet dann über die jeweilige Reaktion auf das jeweilige Signal. Die Natur hat Lebewesen mit der Fähigkeit zum Lernen ausgestattet, weil dadurch die Überlebenschance erhöht wird: Es lernt, wo es das beste Gras gibt; es lernt, einer Gefahr auszuweichen; es lernt, mit einem Gegenüber zu kommunizieren. Sogar bei Bakterien kennt man schon eine gewisse Art von Lernen. Je höher im Tierreich die jeweilige Tierart dann angesiedelt ist,

desto komplexer und komplizierter läuft das Lernen ab. Es gibt dabei aber gewisse universelle Grundprinzipien, egal ob der Lernvorgang bei einer Ameise, einer Maus, dem Pferd oder dem Menschen stattfindet. Lernen dient immer der Optimierung des eigenen Zustandes. Dies ist die wichtigste Aussage zum Lernverhalten: Ein Lebewesen lernt nicht, um anderen zu gefallen, sondern einzig und allein, weil es für sich selbst dadurch Vorteile erlangt. Ob Ihr Pferd nun etwas gelernt hat oder nicht, erkennen Sie an seinem Verhalten, und damit sind Sie beim zweiten Grundsatz:

2. Ein Lebewesen kann sich nicht nicht-verhalten. Auch Verhalten ist etwas, was immer auftritt. Verhalten hört erst dann auf, wenn der Organismus tot ist. Schlafen ist z.B. auch ein Verhalten. Das Verhalten ist das, was Sie bei Ihrem Gegenüber wahrnehmen. Darüber bekommen Sie die direkte Information, ob das Training erfolgreich war oder nicht, d.h. ob etwas gelernt wurde oder nicht. Training beinhaltet immer Kommunikation – der Lerninhalt muß ja vermittelt werden – womit der dritte Grundsatz erreicht ist:

Pferde nehmen permanent Signale aus der Umwelt auf.

Zur „Umwelt" gehören auch die Partner in der Gruppe: Man kommuniziert miteinander. Jedes individuelle Signal bewirkt ein individuelles Verhalten beim Pferd.

3. Ein Lebewesen kann nicht nicht-kommunizieren. Lebewesen senden durch ihr Verhalten permanent Signale aus, auch wenn sie nicht sprechen. Diese Signale werden von anderen Lebewesen über die Sinnesorgane aufgenommen und verarbeitet. Lernprozesse setzen ein – und so sind Sie wieder beim ersten Grundsatz. Zu einer Kommunikation gehören immer ein Sender und ein Empfänger. Der Sender merkt am Verhalten des Empfängers, ob seine Botschaft angekommen ist oder nicht. Weiter hinten, bei der praktischen Arbeit mit dem Clicker, wird noch ein wenig mehr zur Kommunikation gesagt werden, denn eine gut funktionierende Kommunikation ist der Schlüssel zum Erfolg.

Wie lernen Pferde?

Pferde und alle anderen höheren Tiere lernen hauptsächlich durch Assoziation: Zwei Ereignisse bzw. ein Signal und eine Reaktion auf das Signal, die gleichzeitig oder in einem sehr kurzen zeitlichen Abstand voneinander geschehen, werden im Gehirn miteinander verknüpft (=assoziiert). Wenn diese Assoziation nicht nur hin und wieder, sondern häufig und regelmäßig geschieht, spricht man von einer Konditionierung. Die Konditionierung ist der Vorgang, bei dem die Assoziation so fest im Gehirn verankert wird, daß später das Signal allein ausreicht, um die Reaktion zuverlässig zu zeigen. Man unterscheidet die klassische Konditionierung (nach Pavlov) und die instrumentelle Konditionierung (nach Thorndyke).

Erziehung bedeutet, die Spielregeln in der Gruppe festzulegen. Das Fohlen lernt sie vom ersten Tag an ...

Auf einen Blick

Gehorsamsverweigerung

- *Begriffe wie „ärgern" oder „verweigern" kommen in der Natur nicht vor. Tiere wollen nicht „ärgern" und sie „verweigern" sich auch nicht einem Kommando. Dies sind rein menschliche Vorstellungen. Lernen dient immer der Optimierung des eigenen Zustandes, erinnern Sie sich? Welchen Vorteil hätte ein Pferd, Menschen zu ärgern – das würde einer Energieverschwendung gleichkommen, und die Natur verschwendet keine Energie. Für jedes Verhalten hat das Pferd immer einen Grund – nämlich die Optimierung etc. etc... – ob der Mensch sich dann über ein bestimmtes Verhalten ärgert, ist allein sein Problem – nicht das des Pferdes. Wenn sich ein Pferd „verweigert" (d.h. ein Kommando nicht oder falsch befolgt), dann liegt das daran, daß*
- *das Kommando nicht vom Pferd wahrgenommen wurde (zu leise gesprochen?) oder daß*
- *das Pferd das Kommando nicht kannte (nicht ausreichend trainiert?) oder daß*
- *das Pferd nicht ausreichend motiviert war, das geforderte Verhalten zu zeigen. Und für alle drei Punkte gibt es nur einen Verantwortlichen: den Trainer und / oder Reiter.*

... um später als erwachsenes Pferd zu wissen, welches Verhalten wann gezeigt werden muß.

Die klassische Konditionierung – der Pavlovsche Hund

Pavlov arbeitete Anfang dieses Jahrhunderts an der Universität von St. Petersburg an einer Untersuchung über die Zusammensetzung von Hundespeichel. Um genügend Speichel zur Untersuchung zu bekommen, wendete er einen Trick an: Er zeigte den Hunden Futter und fing den dann aus dem Maul tropfenden Speichel auf. Dabei machte Pavlov die Beobachtung, daß seine Hunde nach einigen Durchgängen im Labor nicht nur speichelten, wenn sie das Futter sahen und rochen, sondern schon zu speicheln begannen, wenn nur der Laborant, der ihnen später das Futter brachte, mit leeren Händen durch den Raum ging. Daraufhin konstruierte Pavlov sein berühmtes Experiment zum Lernverhalten, in welchem er den Anblick von Futter mit einem Geräusch paarte. Die Hunde bekamen ihr Futter zu sehen und zu riechen und hörten dabei dieses spezielle Geräusch. Später, nach 10 bis 15 Durchläufen, reichte dann das Geräusch allein aus, um den Speichelfluß bei den Hunden zu aktivieren.

Die instrumentelle Konditionierung – die Katze in der Puzzlebox

Thorndyke arbeitete in den USA fast zeitgleich mit Pavlov. Auch er wollte etwas über die Prinzipien des Lernens wissen – und dazu „ärgerte" er Katzen. Er ließ seine Katzen über einen Tag hungern und setzte sie dann in eine sogenannte Puzzlebox. Dies war ein spezieller Käfig aus Holzlatten: Man konnte von innen nach außen schauen, und der Käfig hatte Türen, die durch spezielle Hebel von innen zu öffnen waren. Vor den Käfig stellte Thorndyke Futter. Die Katzen machten natürlich innen im Käfig die wildesten Verrenkungen, um an das Futter zu kommen ... und irgendwann berührten sie auch zufällig einmal einen Hebel: Die Tür ging auf! Das Naschen

Kommunikation und Nahrungsaufnahme – mit diesen mechanischen Fähigkeiten wird das Pferd geboren. Es lernt aber über klassische und instrumentelle Konditionierung, wann, wo und wie es das jeweilige Verhalten zeigen muß. Dabei reagiert das Pferd auf äußere und innere Signale.

am Futter wurde ihnen allerdings nicht gegönnt: Thorndyke setzte die Katzen sofort wieder in den Käfig zurück. Wieder zappelten die Katzen im Käfig herum – und wieder berührten sie irgendwann den Hebel – und wieder wurden sie einfach in den Käfig zurückgesetzt usw. Interessant war nun, daß von Mal zu Mal die Zeitspanne, die die Katzen brauchten, um die Tür zu öffnen, immer kürzer wurde. Zum Schluß lief das Spielchen folgendermaßen ab: Katze wird in Käfig gesetzt – Katze drückt auf Hebel – Tür geht auf – Katze wird in Käfig zurückgesetzt –Katze drückt auf Hebel usw.

Spielerisch wird gelernt: Wassereimer kann man umkippen.
Der eine hat seinen Spaß, der andere nasse Füße.

Was haben die Tiere nun dabei gelernt?

Sowohl bei Pavlovs als auch bei Thorndykes Experiment haben die Tiere etwas gelernt; allerdings mit einem wichtigen Unterschied. Bei der klassischen Konditionierung nach Pavlov wird angeborenes, unbewußtes Verhalten des Organismus auf ein zunächst unbedeutendes Auslösesignal hin konditioniert. Das Unterbewußtsein lernt klassisch: Speicheln ist ein unbewußtes Verhalten, daß vom Körper automatisch gezeigt wird, wenn das richtige Signal (Futter) angeboten wird. Die Reaktion auf dieses richtige Signal muß nicht gelernt werden – Lebewesen werden bereits mit der fertigen Assoziation „Futter-Speichelproduktion“ geboren. Wenn das Signal „Futter“ dann mit dem bis dahin unbedeutenden Signal „Geräusch“ zeitgleich angeboten wird, findet im Gehirn eine Assoziation statt, und „Geräusch“ wird zu einem konditionierten Signal, das dann ebenfalls das Verhalten „Speicheln“ auslöst. Bei der instrumentellen Konditionierung werden Assoziationen zwischen einer bestimmten (bewußt ausgeführten, kontrollierten) Handlung des Tieres und einer bestimmten Reaktion aus der Umwelt auf diese Handlung geknüpft: Das Tier lernt etwas über die Konsequenz seines eigenen Handelns. Eine instrumentell konditionierte Handlung ist dabei immer abhängig von einem speziellen Auslösesignal in einer speziellen Umgebung: In Thorndykes Experiment haben die Katzen eine Assoziation hergestellt zwischen der Handlung, auf einen Hebel zu treten, und einer speziellen Reaktion in ihrer Umgebung: Die Tür sprang auf und der Weg zum Futter war frei. Den Hebel gibt es nur in der Puzzlebox, und nur hier lohnt es sich,

Auf einen Blick

Assoziationszeit

Man hat im Training nicht unbegrenzt Zeit, um eine korrekte Assoziation auszubilden. Wie schon oben beschrieben, zeichnet einen guten Trainer sein spezielles Timing aus. Sowohl bei der klassischen als auch bei der instrumentellen Konditionierung müssen Signal und Reaktion bzw. Signal, Reaktion und Belohnung (oder Strafe) ganz schnell hintereinander folgen. Das biologische Netzwerk „Gehirn“ (beim Menschen immerhin ein Netzwerk aus mehreren Milliarden einzelner Nervenzellen) erlaubt Ihnen generell nur 3 Sekunden. Diese 3 Sekunden hätten Sie aber höchstens in genau kontrollierten Experimenten im Labor zur Verfügung. In der Realität können Sie eigentlich nur mit 1 bis 2 Sekunden rechnen – der Rest geht verloren, ähnlich der Schrecksekunde beim Bremsweg.

ihn zu drücken. Die Katzen werden nicht nach der Trainingsphase wahllos auf alle hebelartigen Gebilde drücken / treten. Dies ist ein wichtiger Unterschied zur klassischen Konditionierung. Auch dort spielt die Umgebung, in der die Konditionierung stattfindet, zunächst eine gewisse Rolle; zügig lernt der Körper dann aber, auch in anderen Umgebungen auf das konditionierte Signal hin das entsprechende Verhalten zu zeigen.

Verhalten muß sich lohnen

Wenn Pferde trainiert werden, wird immer mit einer Mischung aus diesen beiden Formen der Konditionierung gearbeitet. So deutlich wie in der Beschreibung von Pavlovs und Thorndykes Versuchen lassen sich die beiden Konditionierungsformen in der Praxis später nicht mehr trennen. Ein Trainer sollte aber im Kopf haben, wie sie ablaufen, um das Training entsprechend zielorientiert aufzubauen.

Spielerisches Ausprobieren von Bewegungsabläufen beim Fohlen – Spiel als Entspannung beim erwachsenen Pferd. Bewegungsabläufe ohne Ernstbezug dienen der Erholung, z.B. nach einem anstrengenden Training.

Auch Grasen ist ein wichtiger primärer Verstärker.

Ein großer Unterschied zwischen der klassischen und der instrumentellen Konditionierung ist die Frage nach dem Motiv. Thorndyke hat seinen Katzen ein Motiv gegeben, sich im Käfig zu bewegen: Futter. Wenn die Schüssel nicht vor dem Käfig gestanden hätte, wären die Katzen vielleicht auch irgendwann zufällig an den Hebel gekommen – aber vielleicht wären sie dann auch einfach im Käfig geblieben, da kein Grund bestand, nach draußen zu klettern. Auf alle Fälle hätte es deutlich länger gedauert, bis die Assoziation hergestellt worden wäre. So erhielten die Katzen jedoch eine Belohnung (wenn auch eine kurze) für ihre Tat und waren hoch motiviert, gleich noch einmal den Ausgang zu suchen.

Die Möglichkeit zum Wälzen (oder einer anderen Form der Körperpflege) nach dem Training kann eine Belohnung sein.

Was ist ein Verstärker für ein Pferd?

Eine Belohnung ist etwas, für das es sich lohnt zu arbeiten. Auch wenn sich die Katze so in den Schwanz zu beißen scheint: Dies ist die wissenschaftliche Definition. Eine Belohnung ist immer eine persönliche und subjektive Angelegenheit, denn jedes Lebewesen empfindet zu verschiedenen Zeiten die unterschiedlichsten Dinge als Belohnung. Stellen Sie sich vor, daß Ihnen jemand nach einem ausgiebigen Fünf-Gänge-Menü eine Torte in Aussicht stellt, wenn Sie fünf Kilometer joggen. Sie würden wohl dankend abwinken. Wie wäre es bei dem Angebot (ebenfalls nach dem ausgiebigen Essen), für den Dauerlauf 500 € zu erhalten? Jetzt hängt Ihre Entscheidung davon ab, wie viele 500 €-Scheine Sie sowieso schon im Portemonnaie haben.

Primäre Verstärker

Prinzipiell wird zwischen primären und sekundären Verstärkern unterschieden. Ein primärer Verstärker ist immer etwas, was das Tier zum Überleben braucht. Mit dem Wissen, daß diese Sache wichtig ist, wird das Tier geboren, und das Gehirn regiert auf das angebo-

tene Signal, selbst wenn das Tier noch nie vorher damit Kontakt hatte. Primäre Verstärker sind z.B. Futter, Wasser und die Möglichkeit, das Territorium zu erobern oder zu verteidigen. Bei sozialen Tieren wie dem Pferd stellt auch Sozialkontakt in jeder Form (z.B. Spiel oder gegenseitige Körperpflege) einen primären Verstärker dar. Das Territorium gilt als primärer Verstärker, weil jedes Lebewesen einen bestimmten Bereich braucht, in dem es sich entspannt aufhalten, fressen oder seine Nachkommen großziehen kann.

Auf einen **Blick**

Was ist ein Verstärker?

- *Belohnung bewirkt, daß das entsprechende Verhalten öfter auftritt: Die reale Chance, für ein bestimmtes Verhalten eine Belohnung zu erhalten, motiviert das Tier, das Verhalten häufiger und schneller nach dem entsprechenden Auslösesignal zu zeigen. Für das Wort Belohnung wird im wissenschaftlichen Gebrauch auch der Begriff „Verstärker" benutzt.*

Sekundäre Verstärker

Sekundäre Verstärker sind Signale oder Objekte, die zunächst keine Verstärkerfunktion haben, aber durch die häufige Assoziation mit einem primären Verstärker nach einiger Zeit ebenfalls eine eigenständige Verstärkerfunktion erhalten. Das beste Beispiel bei Menschen ist Geld! Geld selbst kann man nicht essen, es macht nicht satt ... aber mit Geld kann man sich die Dinge kaufen, die satt machen. Geld ist ein sekundärer Verstärker.

Ein Wort des Lobes an das Pferd oder das körperliche Loben (Klopfen) nach der Arbeit können, je nach Trainingsaufbau, auch

Können Pferde sprechen? Das Pferd lernt **NEIN**: Sagen Sie das Wort jedesmal, wenn Ihr Pferd den Kopf schüttelt, und belohnen Sie es sofort danach. Nach diversen Wiederholungen wird das Pferd auf ein **NEIN** von Ihnen den Kopf schütteln.

sekundäre Verstärker sein. Da sie aber andererseits eine spezielle Form des Sozialkontaktes darstellen, kann man diese Verstärker als Zwitter in den Bereich Primär und Sekundär einordnen.

Der negative Verstärker – die Strafe

Ein Lebewesen kann man auch über eine unangenehme (d. h. aversive) Erfahrung zu einer bestimmten Handlung motivieren (auch das Unterlassen oder Unterbrechen von Handlungen sind eigenständige Verhaltensweisen). In diesem Sinne wird das aversive Signal (die Strafe) dann wissenschaftlich als negativer Verstärker bezeichnet. Das Thema „Strafe" soll hier nicht ausführlich behandelt werden. Das Clickertraining verzichtet ja gerade auf aversive Signale. Auf der anderen Seite sollen Sie aber auch eine vollständige Übersicht über die Grundlagen der Lerntheorie bekommen. Und da sich viele Vorteile und Erfolge des Clickertrainings gerade aus den Problemen und den Nachteilen der Anwendung von Strafe ergeben, ist die theoretische Übersicht hier angebracht.

Strafe bewirkt, daß das entsprechende bestrafte Verhalten seltener auftritt: Die reale Chance, für ein bestimmtes Verhalten eine aversive Erfahrung zu machen, motiviert das Tier, das Verhalten seltener oder gar nicht nach dem entsprechenden Auslösesignal zu zeigen.

Der Verstärker muß anfangs jedesmal erfolgen

Wenn Sie Verhalten beeinflussen wollen, müssen Sie zu Beginn des Trainings ganz konsequent jedesmal reagieren, wenn das Verhalten auftritt. Werden Sie anfangs tatsächlich jedesmal dabei sein, wenn Ihr Pferd ein zu strafendes Verhalten zeigt? Das gleiche gilt natürlich

auch für die Belohnung. Der Unterschied ist dabei: Wenn Sie mit Belohnung arbeiten und eventuell einmal das zu belohnende Verhalten verpassen, dauert das Training nur etwas länger.

Wenn Sie mit Strafe arbeiten und nur hin und wieder strafen, weil Sie das Verhalten manchmal übersehen oder nicht dabei sind oder die Assoziationszeit nicht einhalten können, macht das Pferd nur hin und wieder auf das Verhalten eine aversive Erfahrung. Je nachdem wie wichtig dieses Verhalten nun für das Pferd ist, wird es abwägen, ob es das Risiko einer Strafe vielleicht nicht doch eingehen sollte, da es ja nicht gleich 100% ist. Und es lernt auf alle Fälle folgenden Sachverhalt: Wenn mein Besitzer nicht da ist / zu weit weg ist, kann ich sowieso machen, was ich will.

Das Pferd spielt Lotto

Auch Menschen zeigen ein solches Verhalten. Denken Sie an Lotto: Viele Lottospieler haben noch nie viel gewonnen – aber da immer die reale Chance besteht, einmal sechs Richtige zu treffen, geben sie weiter ihr Geld für den Tippschein aus. Für das Lernen mit Belohnung gilt es übrigens genau umgekehrt: Wenn die Assoziation über die Anfangshürde hinaus konditioniert wurde, muß sogar in

Intervallen belohnt werden, denn dadurch wird das zu erlernende Verhalten verbessert (schneller und präziser). Auch hier besteht bei jedem gezeigten Verhalten schließlich die reale Chance, die Belohnung zu erhalten.

Der Clicker verhindert Streß

Über eine Strafmaßnahme geben Sie dem Pferd immer nur eine halbe Information. Man kann Strafe und Belohnung auch als eine Kommunikation mit **NEIN** und **JA** bezeichnen.

(Strafe=**NEIN**, Belohnung=**JA**). Wenn das Pferd ein **JA** hört, hat es eine vollständige Information erhalten, was von ihm gewünscht wird. Wenn das Pferd ein **NEIN** hört, hat es zwar die Information erhalten, welches spezielle Verhalten nicht gewünscht war, aber es weiß noch nicht, was denn nun gewünscht ist. Über das permanente Arbeiten mit **NEIN** kann man Pferde darum schnell verunsichern. Unsicherheit löst Streß aus, und die Ausschüttung von Streßhormonen hemmt die Lernvorgänge im Gehirn.

Strafe bedeutet Aggression

Wenn Menschen Pferdeverhalten beeinflussen, geschieht dies zwangsläufig immer im sozialen Miteinander. In dieser Hinsicht stellt jede aktive Strafe immer eine Form von Aggression dar. Und

Aggression erzeugt Gegenaggression – ein weiteres biologisches Prinzip. Aus diesem Grund ist es auch erklärbar, warum Menschen die Strafe als häufiges Trainingsmittel einsetzen: Wir sind schließlich auch nur Säugetiere. Aber Menschen sind Säugetiere mit einem höher entwickelten Gehirn als Pferde. Warum sollten sie dann nicht häufiger den Aggressionskreislauf unterbrechen?

Der Einsatz von Strafe wird gern damit begründet, daß in der Natur schließlich auch nicht alles paradiesisch ist. Wenn man Gruppen von Pferden beobachtet, sind selbstverständlich auch Strafmaßnahmen zu sehen: Das Muttertier, welches das Fohlen aggressiv von der Zitze wegschiebt; die Rivalen um eine Stute, die diesen Konflikt schließlich aggressiv austragen.

Pferde untereinander kommunizieren innerartlich. Ein Pferd versteht die Sprache des anderen und kann im Bruchteil einer Sekunde einordnen, was abgelaufen ist. Zwischen Mensch und Pferd dagegen findet eine Kommunikation von einer Art zu einer anderen Art statt. Sie sprechen zunächst nicht die gleiche Sprache. Beide Seiten müssen sich (unter der Regie des Menschen) auf die Kommunikation in einer Fremdsprache (den Kommandos) einigen. Das Problem ist, daß solch eine Fremdsprache im alltäglichen Gebrauch immer Lücken aufweisen wird. Diese Lücken werden Mensch und Pferd auf dem Hintergrund ihrer eigenen Sprache interpretieren und aus dieser Sprache auffüllen. Dabei entstehen Mißverständnisse. In der Natur der Sache liegt es, daß solche Mißverständnisse bei einer Kommunikation mit **JA** und **NEIN** (siehe oben) im **NEIN**-Bereich deutlich stärker ausgeprägt sind und drastischere Folgen haben können.

Viele Menschen berücksichtigen beim Einsatz von Strafe nicht den fatalen Aspekt, daß eine aktiv gegen das Pferd gerichtete Strafmaßnahme immer auch einen Belohnungsaspekt hat. Pferde sind soziale Tiere – eine aktiv gegen das Pferd gerichtete Verhaltensweise bedeutet immer Sozialkontakt – Sozialkontakt stellt einen primären Verstärker dar!

Innerartliche Kommunikation: Beide Teilnehmer sprechen die gleiche Sprache und verhalten sich nach denselben Spielregeln.

Die letzte Theoriestunde vor der Praxis

Positive und negative Verstärkung – ja was denn nun?

In der Lerntheorie werden die umgangssprachlichen Begriffe „Belohnung“ und „Strafe“ auch als positive Verstärkung und negative Verstärkung bezeichnet. Positiv und negativ sind hier nicht wertend gemeint, sondern beziehen sich darauf, daß etwas dem Tier zugefügt wird (positiv) bzw. etwas entzogen wird (negativ).

Trösten Sie sich – diese Einteilung hat schon mehr Menschen verwirrt. Die folgenden Trainingsbeispiele werden Ihnen helfen:

▸ Positive Verstärkung am Beispiel „Rückwärtsrichten“. Sie stehen eng vor Ihrem Pferd und machen bei gleichzeitigem Kommando **ZURÜCK** einen Schritt auf Ihr Pferd zu. Das Pferd macht einen Schritt nach hinten (natürliches Verhalten in dieser Situation) und wird verbal gelobt und / oder erhält Leckerli. Das Pferd lernt: Wenn das Signal **ZURÜCK** ertönt, lohnt es sich, rückwärts zu gehen.

▸ Positive Verstärkung am Beispiel „Anhalten unter dem Reiter“. Verbales Kommando **HALT** mit gleichzeitigem massivem Ruck an den Zügeln. Das Pferd hält an – der Schmerz im Maul läßt nach, da die Zügel locker gelassen werden (das Nachlassen des Schmerzes stellt die Belohnung dar).

▸ Negative Verstärkung am Beispiel „Anhalten“: verbales Kommando **HALT**. Das Pferd geht weiter. Es bekommt von einem Helfer mit der

Peitsche einen Hieb vor die Nase und bleibt vor Schreck stehen. Das Pferd lernt: Bei **HALT** bleibt man besser stehen, sonst tut die Nase weh. Die positive Verstärkung über das Beenden von etwas Unangenehmem und die negative Verstärkung über das Zufügen von etwas Unangenehmem sind in der Ausführung sehr ähnlich: Der einzige Unterschied ist der, daß auf die positive Verstärkung zeitgleich mit der erwünschten Reaktion (hier: Anhalten) eine unangenehme Erfahrung erfolgt, während die negative Verstärkung eine unangenehme Erfahrung ist, die zeitgleich mit dem unerwünschten Verhalten (z.B. Überhören einer Hilfe) erfolgt.

▸ Negative Verstärkung dadurch, daß etwas Angenehmes nicht passiert, am Beispiel „Anhalten“: Der Besitzer geht neben dem Pferd. Verbales Kommando **HALT**. Das Pferd geht weiter – der Besitzer läßt wortlos die Zügel los, dreht sich weg vom Pferd und ißt die Karotte

„Laß mich in Ruhe“. Das Signal bedeutet aber auch: Ich nehme dein Verhalten und damit dich zur Kenntnis.

Positive Verstärkung	Negative Verstärkung
Durch Hinzufügung von etwas Angenehmem	Durch Hinzufügung von etwas Unangenehmem
Durch Entfernung von etwas Unangenehmem	Durch Entfernung von etwas Angenehmem

selbst. Isolierte Beispiele sind bei den verschiedenen Verstärkungsmöglichkeiten eigentlich nur schwer zu beschreiben. Eigentlich werden positive und negative Elemente (angenehme und unangenehme Erfahrungen) meist miteinander kombiniert. Ignorieren ist der klassische negative Verstärker und ist etwas, was uns Menschen sehr schwerfällt. Ignorieren bedeutet: nicht anfassen, nicht angucken, nicht ansprechen – und dies alles gleichzeitig! Das mag sich einfach anhören. Probieren Sie es aus: Sie werden merken, wie schwer es fällt, diese Dinge (angucken, ansprechen, anfassen) tatsächlich *nicht* zu tun. Dies mag daran liegen, daß der Mensch schließlich auch ein

ClickerTips

Strafe und Belohnung sind, rein wissenschaftlich gesehen, beides probate Methoden, um Verhalten zu beeinflussen und um ein Lebewesen etwas lernen zu lassen – aber Sie arbeiten mit Ihrem Pferd schließlich nicht in einem wissenschaftlichen Labor. Und in der Realität, in der täglichen und alltäglichen Arbeit mit Ihrem Pferd, hat der Einsatz von Strafen deutliche Nachteile im Hinblick auf einen schnellen und lang anhaltenden Lernerfolg.

soziales Tier ist und ignoriert zu werden für Menschen ebenfalls eine Strafe darstellt. Das Ignorieren stellt die einzige Strafmaßnahme dar, die beim Clickertraining hin und wieder zur Anwendung kommt: Unerwünschtes Verhalten wird ignoriert und damit erhält das Pferd eine deutliche Mißerfolgsmeldung.

Das Pferd lernt immer mehrere Signale

Pferde, wie alle anderen Tiere, lernen kontextspezifisch. Das bedeutet, daß zu Anfang einer Trainings- bzw. Konditionierungssequenz alle Umweltsignale eine Rolle spielen und sich erst nach und nach für das Pferd herausfiltert, welches das eigentliche Auslösesignal ist. Der Begriff „alle Umweltsignale" ist tatsächlich so gemeint und beinhaltet z.B. den Ort, die Tageszeit, die Beleuchtung, die An- oder Abwesenheit anderer Personen, die Geräusche etc. Wenn man mit dem Pferd ein spezielles Kommando z.B. immer nur auf einer Hand übt, dann kennt das Pferd das Kommando auf der anderen Hand zuerst nicht – es muß es in diesem Kontext erst neu lernen. Auch dieser Tatsache muß im Training Rechnung getragen werden.

Damit soll die Theorie verlassen werden – Sie haben, was Sie brauchen, um das Prinzip des Clickertrainings zu verstehen.

Die graue Theorie wird bunt
der Clicker kommt ins Spiel

Was ist ein Clicker?

Ein Clicker ist ein Gegenstand, der Knackgeräusche erzeugt, wenn man darauf drückt. Sie kennen die Knackfrösche für Kinder? Der Clicker ist sozusagen die Luxusversion: Das Metallblättchen ist in eine kleine Plastikbox eingepaßt und dadurch viel haltbarer als das Kinderspielzeug. Die Plastikbox schützt vor außerplanmäßigen Clicks und liegt gut in der Hand. Der Clicker wird als sekundärer Verstärker für das Pferd aufgebaut und in dieser Funktion im Training eingesetzt.

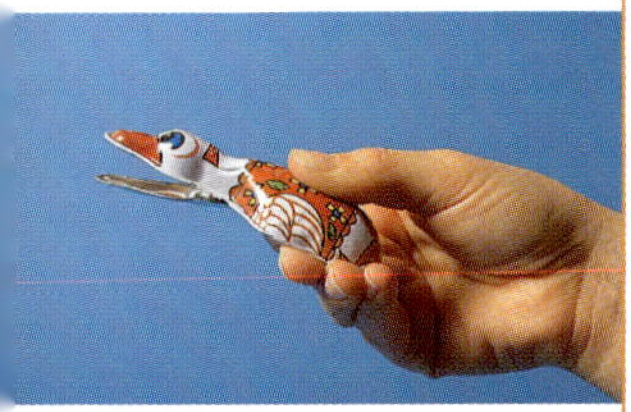

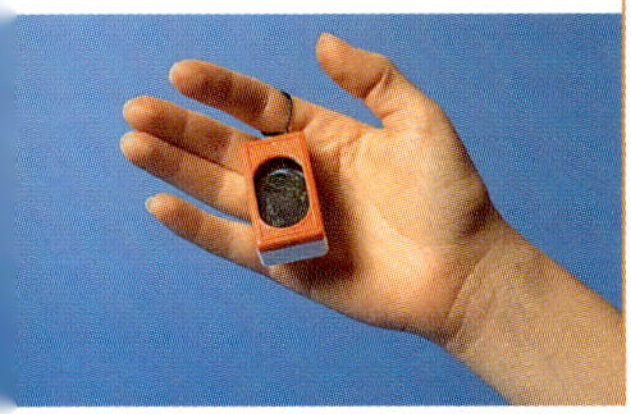

Wichtige Eigenschaften eines sekundären Verstärkers

- Er ist schnell und einfach zu benutzen.
- Er setzt nur ein kurzes Signal.
- Er hebt sich deutlich von anderen Umweltreizen ab.
- Er hat eine eindeutige Bedeutung für das Pferd.

Die letzten beiden Punkte verschmelzen miteinander in dem Sinne, daß Signale, die eine eindeutige Bedeutung für jemanden haben, sich sowieso schon leichter von anderen Umweltsignalen abheben. Wann haben Sie in der letzten Zeit bewußt das Geräusch Ihres Eisschranks gehört? Unter Umständen „hören" Sie es erst dann, wenn Sie es nicht hören – weil der Eisschrank kaputt ist. Erst dann hat es nämlich auf einmal eine Bedeutung für Sie.

Sie kommunizieren mit Ihrem Pferd

Das Signal ist etwas, was zwischen Sender und Empfänger vermittelt wird. Dabei gelten die weiteren Aussagen sowohl für das Signal „Kommando" als auch für das Signal „Belohnung".

Hier kommt eine weitere banale wissenschaftliche Aussage ins Spiel: Ein Signal ist etwas, das für jemanden eine Bedeutung hat. Wirklich banal, werden Sie jetzt vielleicht denken. Leider aber so banal, daß es viele Menschen vergessen und sich dann wundern, warum es in der Kommunikation nicht klappt. Und damit muß gar nicht die Kommunikation zwischen Mensch und Pferd gemeint sein. Menschen haben manchmal schon genug Schwierigkeiten, sich mit ihren Mitmenschen zu verständigen.

Spielzeugclicker gibt es in allen möglichen Formen und Farben.

Das Signal stellt, im Augenblick der Kommunikation, die Verbindung zwischen Sender und Empfänger her. Wenn der Empfänger das Signal richtig verstanden hat, wird er sein Verhalten in angemessener Weise ändern. Angemessen bedeutet hier im Sinne der Erwartung der Senders.

Das Signal erhält eine Bedeutung

Welche Bedeutung ein individuelles Signal für Ihr Pferd hat, hängt davon ab, welche Information Sie im Moment des Trainings in das Signal hineingegeben haben. Information ist kein absoluter Begriff – sie entsteht nicht per se irgendwo da draußen. Die Information eines Signals muß vorher definiert werden – und dies kann man im eigent-lichen Sinne als Training bezeichnen. Für Pferde typische, im Training definierte Signale sind z.B. Schenkelhilfen, halbe und ganze Paraden oder Gewichtsverlagerungen. Dazu gehört aber auch der Name des Pferdes!

Unterschiedliche Tierarten haben unterschiedliche Präferenzen für Signale. Es erleichtert das Training, wenn Sie sich auf diese Präferenzen einstellen. Pferde sind Tiere, die im Umgang mit ihren Artgenossen (im Sozialkontakt) zunächst über Körpersprache

Auf einen Blick

Informationsgehalt des Clicks

In seiner Funktion als sekundärer Verstärker bekommt der Clicker (bzw. der Click des Clickers) den folgenden Informationsgehalt:
Ja, richtig, das hast du gut gemacht, ganz toll, von diesem Verhalten bitte mehr und öfter.

(Gestik, Mimik) kommunizieren. Leider ist der Mensch hier, sowohl im Senden als auch im Empfangen, sehr unbegabt. Menschen kommunizieren hauptsächlich über Sprache (Vokalisation). Wenn Sie direkt mit Ihrem Pferd arbeiten, stehen Sie auch in Sozialkontakt mit dem Pferd. Bedenken Sie, daß es ohne weiteres möglich ist, per Vokalisation ein Signal zu senden und per Körpersprache eines, welches das genaue Gegenteil bedeutet. Wonach soll sich Ihr Pferd dann richten?

So funktioniert Kommunikation: Signale werden zwischen Sender und Empfänger ausgetauscht.

Wie wird der Clicker zu einem sekundären Verstärker?

Der Clicker erhält seine Bedeutung durch eine klassische Konditionierung – er wird damit sozusagen „geladen“. Dies geschieht, indem Sie zu Beginn der Trainingsphase den Click einfach mit einem Stück Futter oder einem anderen primären Verstärker paaren. Futter (ein kleiner Leckerbissen) ist aber am besten geeignet. Es ist leichter, schnell einen Futterbrocken zu geben als z.B. Wasser, das Territorium oder den Kontakt zur sozialen Gruppe. Das genaue Vorgehen zum „Laden“ des Clickers wird später im praktischen Teil noch eingehend beschrieben.

Auf einen **Blick**

Gute Gründe für den Einsatz eines sekundären Verstärkers

- *1. Sie geben ein punkt- und zeitgenaues Signal in dem Moment, in dem das Pferd das erwünschte Verhalten zeigt.*
- *2. Sie „kaufen“ sich Zeit aus der Assoziationszeitfalle heraus. Wenn der Click genau das erwünschte Verhalten markiert, brauchen Sie das Leckerli dann nicht innerhalb einer weiteren Sekunde zu geben, sondern können sich etwas Zeit lassen. Zum Beispiel können Sie aus der Mitte des Longenzirkels zum Pferd hingehen. Dieser „Zeitkauf“ wird möglich, weil durch den Click beim Pferd eine Erwartungshaltung einsetzt.*
- *3. Der Click ist ein Signal ohne jeden emotionalen Beigeschmack von Seiten des Senders.*
- *4. Der Click ist ein absolut positives Signal und damit sind Trainingssequenzen mit dem Clicker sehr streßfrei für das Pferd.*
- *5. Clicks sind Geräusche in einem Frequenzbereich, auf den das Gehirn (bei allen Säugetieren) extrem gut und schnell reagiert. Die menschliche Stimme hat leider einen Frequenzbereich, der für das Pferd und alle anderen Säugetiere (außer den sprechenden) relativ belanglos und unwichtig ist ....*

Die klassische Konditionierung des Clicks...

Der primäre Verstärker muß zunächst eine hohe Verstärkerqualität haben. Ihr Pferd sollte also zum Trainingsbeginn hungrig sein. Dadurch hat das Futter einen hohen Motivationswert, und dieser überträgt sich per klassischer Konditionierung auf den Click. Später, wenn der Clicker gut konditioniert ist, muß er von Zeit zu Zeit nach genau diesem Prinzip aufgefrischt werden. Für den Einsatz im Training selber ist es dann aber nicht mehr so wichtig, ob das Pferd großen Hunger hat. Es kann sogar zu dem Fall kommen, daß Sie ein Verhalten Ihres Pferdes per Click belohnen, das Pferd schnuppert am Leckerli in der Hand – und hat kein Interesse daran. Ist Ihre Information „gut gemacht" nun im Sande verlaufen? Keine Sorge, das ist sie gerade durch den sekundären Verstärker nicht!

...und was dabei im Gehirn passiert

Die Verstärkerqualität von Futter hängt von mehreren Faktoren ab, nicht nur, wie voll oder leer der Magen ist oder ob im Blut ausreichend Zucker als schneller Energielieferant kursiert. Die Forschung hat hier in den letzten Jahren interessante Ergebnisse darüber geliefert, welche Teile des Gehirns für welche Aktivitäten und / oder welche emotionalen Zustände zuständig sind. Bestimmte kleine Bereiche im Gehirn steuern die Emotionen – und dazu gehört auch, wie Lebewesen von bestimmten Ereignissen motiviert werden. Im Gehirn gibt

Ein großer Vorteil: Auch auf Distanz kann das Pferd präzise zum richtigen Zeitpunkt gelobt werden.

Auf einen Blick

Der Clickereinsatz

Wofür der Clicker benutzt wird:

- *Der Clicker markiert eindeutig das Verhalten beim Pferd, welches Sie herausarbeiten wollen.*
- *Er signalisiert dem Pferd: „Was du gerade eben getan hast, war gut und hat positive Konsequenzen für dich."*

Wofür der Clicker nicht benutzt wird:

- *Der Clicker ist kein Aufmerksamkeitssignal wie „Hey" oder ähnliches.*
- *Der Clicker ist kein eigenständiges Kommando.*

es ein internes Belohnungssystem, welches im Endeffekt für das tatsächliche Lernen auf der Ebene der Gehirnzellen zuständig ist. Dieses Belohnungssystem wird über primäre und sekundäre Verstärker aktiviert. Der Clicker löst nach der erfolgreichen Konditionierung eine Aktion in diesem Belohnungssystem aus, selbst wenn der direkte Anblick / Geruch des primären Verstärkers dies nicht tun würde. Man könnte es im weitesten Sinne damit vergleichen, daß Sie ja schließlich auch für Ihr Geld arbeiten, wenn Sie satt sind. Anbieten sollte man das Leckerli übrigens nach jedem Click – und es eher dem Pferd überlassen, ob es das Leckerli will.

Und jetzt fangen Sie einfach an!

Der Clicker wird geladen

Die „praktische Distanz" zum Pferd.

Sie brauchen einen Clicker, eine griffbereite Portion kleinster Pferdeleckerli und einen ruhigen Ort für sich und Ihr Pferd.

Trainingsziel

- Der Clicker soll zum sekundären Verstärker werden.

Trainingsaufbau

- Sie stehen leicht seitlich neben dem Kopf Ihres Pferdes in einer „praktischen Distanz". Die „praktische Distanz" ist die Entfernung zum Pferd, die es Ihnen ermöglicht, ein Leckerli mit dem leicht gestreckten Arm zum Pferdemaul zu geben, ohne daß Ihr restlicher Körper sich groß bewegen muß. Ihr Körper kann dem Pferd zugewandt sein und Sie können es direkt anblicken, wenn eine Vertrauensbasis zwischen Ihnen und Ihrem Pferd herrscht. Wenn das Vertrauensverhältnis noch nicht so gut ist oder schon ein deutlich negatives Verhältnis herrscht, sollten Sie dem Pferd Ihre Körperseite zuwenden und ihm nicht in die Augen sehen.

Sie können Ihr Pferd bei diesen Übungen am Halfter halten oder völlig ohne Halfter arbeiten. Auch dies ist eine Frage des Verhältnisses zwischen Ihnen und dem Pferd. Das Pferd sollte zu Beginn des Trainings hungrig sein.

Ein Durcheinander mit den Händen – es sind immer zu wenige

Es ist Ihre Entscheidung, mit welcher Hand Sie clicken und mit welcher Sie das Leckerli geben. Sie sollten die Aufgaben der Hände anfangs nur deutlich trennen, das macht Ihnen das Üben leichter. Einige Rechtshänder geben lieber mit rechts das Leckerli – andere möchten mit rechts lieber clicken ... und den Linkshändern geht es nicht anders. Sie können die Hände ohne weiteres je nach Situation wechseln. Sie tun sich selbst aber einen Gefallen, wenn Sie sich in den ersten Trainingssequenzen selbst eine gewisse Regelmäßigkeit verordnen. Auch Sie müssen schließlich etwas Neues lernen.

Wenn Sie Ihr Pferd am Halfter halten, ist es günstig, sich den Strick locker über den Arm zu hängen oder locker zwischen Ring-

Sie stehen in einer praktischen Distanz vor dem Pferd.

finger und kleinem Finger der „Clicker-Hand“ zu halten. Diese Hand bewegen Sie nämlich nicht, während die Hand mit dem Leckerli immer zwischen Pferdemaul und Beutel mit den Leckerli hin und her wandert. Ein baumelnder Strick wäre da lästig.

Click! Auf das Timing kommt es an

Jetzt clicken Sie mit der einen Hand und geben sofort (fast gleichzeitig) dem Pferd mit der anderen Hand den Leckerbissen genau vor das Maul, damit es das Leckerli fressen kann. Ihr Pferd soll das Leckerli jetzt auch auf alle Fälle fressen. Dies wiederholen Sie in genau diesem Rhythmus 10 bis 15mal. Es gab früher unterschiedliche Meinungen darüber, ob Click und Leckerli nun genau gleichzeitig oder kurz zeitlich versetzt kommen sollen. Und wenn zeitlich versetzt, wer dann vor wem kommen müßte. Wissenschaftliche Unter-

Jetzt clicken Sie...

Click

... und geben gleichzeitig mit der anderen Hand das Leckerli.

Am Ende einer Trainingssequenz (nach ca. 10 bis 15 Wiederholungen) darf es auch ein Lob und Streicheln sein.

Um zu testen, ob der Clicker schon „sitzt", warten Sie bis das Pferd leicht abgelenkt ist.

Sie clicken und halten die Hand mit dem Leckerli ruhig am Körper.

Click

suchungen über Lernverhalten und Gehirnfunktion können diese Frage nun eindeutig beantworten: Die klassische Konditionierung funktioniert am besten, wenn das bekannte Signal (hier also das Leckerli) ca. eine halbe Sekunde nach dem zu lernenden Signal (hier dem Click) auftritt.

In Zukunft wird jetzt für die Sequenz „Click und Leckerli" nur noch das Kürzel C+B benutzt (B = Belohnung). In den Fotosequenzen finden Sie dafür das folgende Symbol:

Click

Wann ist das Pferd konditioniert?

Wenn das Pferd die ersten 10 bis 15 Leckerli bekommen hat, probieren Sie aus, ob der Click schon langsam eine Bedeutung für das Pferd bekommt. Sie clicken und behalten die flache Hand mit dem Leckerli ruhig an Ihrem Körper. Wenn das Pferd nun den Kopf zur Hand bewegt, ist dies ein Zeichen, daß sich die Assoziation zu bilden beginnt. Ihr kurzes Training hat schon Erfolg! Warten Sie, bis das Pferd durch irgendein geringfügiges Umweltsignal abgelenkt wird, und clicken Sie wieder. Wenn das Pferd sich sofort zu Ihnen umdreht und sich mit dem Maul zur Hand hin orientiert, sitzt die Assoziation.

Das Pferd hat sich mit dem Maul sofort zur Hand mit dem Leckerli hin orientiert.

Das Pferd bekommt das Leckerli.

Jetzt machen Sie noch einen kurzen Moment weiter und geben vielleicht noch einmal fünf C+B. Dann gönnen Sie sich und dem Pferd eine kleine Pause.

Wie lange muß man den Clicker laden?

Insgesamt sollten Sie dieses „Laden" des Clickers über zwei bis drei Tage und nach Möglichkeit drei- bis viermal pro Tag durchführen. Gegen Ende des zweiten Tages, wenn die Erwartungshaltung des Pferdes nach dem Click immer deutlicher wird, können Sie die Gabe des Leckerli auch schon etwas verzögern, so daß Ihr Pferd eine bis fünf Sekunden darauf warten muß.

Die oben genannten Zahlen sind meine durchschnittlichen Erfahrungswerte mit Pferden. Jedes Tier ist ein Individuum. Seien Sie darum nicht traurig oder mutlos, wenn Sie zu Beginn länger brauchen als 10 bis 15 Clicks – und freuen Sie sich einfach, wenn es schneller geht.

ClickerTips

Da Zeiten von halben Sekunden das menschliche Timing schon ganz schön herausfordern, ist es am besten, wenn Sie die Bewegungen der beiden Hände gleichzeitig machen. Ihr Daumen am Clicker wird dabei immer schneller sein als Ihre ganze Hand plus Arm, die zum Pferdemaul hin muß.

Mißerfolgserlebnisse gegen den „Taschenkriecher" (Seite 48) müssen deutlich vermittelt werden.

Vorsicht **Falle!**

Das übermotivierte Pferd

Wenn Ihr Pferd ein Vielfraß ist, kann dies in der Anfangsphase des Trainings Probleme bereiten: Ihr Pferd ist dann übermotiviert und wird entweder den Click nicht wahrnehmen, da es sich zu extrem auf das Futter konzentriert oder es wird sehr aufdringlich werden und versuchen, das Futter aus der Hand oder dem Leckerlibeutel zu naschen. Dieser zweite Punkt ist auch eine häufige Frage unter dem Motto: „Wenn ich so viel mit Futter arbeite, züchte ich mir ja einen Bettler und Taschenkriecher heran."

Beim übermotivierten Pferd müssen Sie den Zeitpunkt nach dem Fressen bestimmen, zu dem Ihr Pferd noch halbwegs satt aber auch schon wieder etwas interessiert am Futter ist. Dann findet das „Laden" zunächst immer um diese Zeit herum statt. Bedenken Sie: Diese erste Phase ist nur eine kurze Zeitspanne!

Auf einen Blick

Das Laden des Clickers

- *Nehmen Sie zu Beginn Leckerli, von denen Sie wissen, daß Ihr Pferd sie besonders gern hat. Ich habe zeitweilig für mein Pferd kleine Brocken vom Trockenfutter meines Hundes genommen (Isländer fressen in Island auch getrocknete Heringe) und für das Training meines Hundes Pferdeleckerli.*
- *Geben Sie nicht auf, wenn sich der Anfang hinzieht – aber beenden Sie das Training, solange Ihr Pferd noch Interesse hat, und nicht erst, wenn ihm diese neue Sache langweilig geworden ist.*
- *Geben Sie zu Beginn wirklich 10 bis 15 C+B hintereinander und nicht weniger.*
- *Halten Sie den Clicker anfangs nicht direkt an den Kopf Ihres Pferdes, sondern führen Sie das Pferd langsam an das unbekannte Geräusch heran. Der Clicker kann in der Hosen- oder Jackentasche gehalten werden oder Sie ziehen den Ärmel von Pullover oder Jacke über Ihre Hand. Bei einigen Pferden muß man den Clicker in einer Gewöhnungsphase als ungefährliches Geräusch erst aufbauen. Hier sollten Sie sich über einige Tage einfach nur clickend in der Nähe Ihres Pferdes aufhalten.*
- *Reden Sie nicht mit Ihrem Pferd. Das Pferd soll sich voll auf dieses neue Geräusch und seine Bedeutung konzentrieren können.*
- *Wenn Sie das Gefühl haben, daß es gar nicht klappt, gehen Sie kurz raus aus dieser Situation. Laufen Sie einmal im Kreis – mit oder ohne Pferd – und beginnen Sie dann von vorn.*

Der Jackpot (Seite 66) ist eine ganz besondere Belohnung. Wie man sieht: Es schmeckt!

Der Taschenkriecher

Der Taschenkriecher wird sich nicht etablieren, wenn Sie das Clickertraining konsequent nach dieser Anleitung durchführen. Die Leckerli werden so nämlich zu etwas Angenehmen für das Pferd, was nicht einfach vom Himmel fällt, sondern in einer genau definierten Situation gegeben wird. Es sind immer Sie, die etwas geben, und das Geben ist mit einem ganz konkreten Signal verbunden. Fehlt dieses Signal, ist auch kein Futter zu erwarten – und das Taschenkriechen lohnt sich nicht. Bei einem Pferd, das schon auf eine positive Lernerfahrung im Bezug auf Betteln zurückblicken kann, muß hier unter Umständen ein deutliches Mißerfolgserlebnis im Training aufbereitet werden. Dies machen Sie folgendermaßen: Zusätzlich zu den drei bis vier C+B Trainingseinheiten pro Tag gehen Sie noch weitere drei- bis viermal auf die Koppel, in den Paddock oder die Box – und üben sich zehn Minuten im Ignorieren! Sie haben den Leckerlibeutel dabei und eventuell sogar Leckerli in der Hand oder Jackentasche. Und gemeinerweise sorgen Sie dann noch dafür, daß Ihr Pferd dies auch genau weiß. Jetzt wird jedes Interesse des Pferdes am Futter ignoriert. Es darf in diesen zehn Minuten auch wirklich nicht den kleinsten Lekkerbissen erhalten. Sie wandern in der Box umher oder stehen nur da – und wenn Ihr Pferd aufdringlich wird, weichen Sie mit ruhigen Bewegungen aus. Sprechen dürfen Sie nicht. Halten Sie sich eisern an die Spielregel: Ignorieren bedeutet „nicht ansehen, nicht ansprechen, nicht anfassen". Dies sind Sequenzen, in denen Sie einen Kontrapunkt zum „Laden" des Clikkers setzen, um für das Pferd noch deutlicher herauszuarbeiten, daß Leckerli nur dann kommen, wenn der Mensch es für richtig hält, und daß dazu ein Signal gehört.

ClickerTips

Sekundäre Verstärker müssen in regelmäßigen Abständen aufgeladen werden, sonst wird die Wirkung unsicher. Dies kann bei einigen Pferden einmal pro sechs Monate bedeuten – andere müssen alle drei Monate eine kurze „Ladesequenz" durchlaufen. Das Aufladen gilt nicht nur für den Clicker, sondern auch für das verbale Lob!

Einmal Clicker – immer Clicker?

Eine weitere häufige Frage in der Anfangsphase: „Muß ich denn nun immer mit Clicker und Leckerli in der Tasche herumlaufen?" Keine Sorge, dies müssen Sie nicht. Der Clicker soll das Definieren von Signalen (Kommandos) und das Erlernen des korrekten Verhaltens auf dieses Signal erleichtern und beschleunigen. Er ist ein Hilfsmittel im Training. Wenn die Konditionierung des gewünschten Verhaltens abgeschlossen ist, ist es sogar wichtig, daß Sie nicht mehr regelmäßig belohnen. Sie können dann über den Clicker auch zu einem anderen sekundären Verstärker übergehen. Dies kann z.B. ein gesprochenes Wort sein. Warum später nur noch unregelmäßig belohnt werden muß, wird weiter unten erklärt.

Zunächst einmal haben Sie jetzt einen etablierten sekundären Verstärker und können mit dem eigentlichen Training beginnen.

Auch Kinder können mit dem Clicker arbeiten, wenn sie von einem Erwachsenen angeleitet werden.
Gerade für Kinder ist das Clickertraining eine gute Möglichkeit, die großen Gewichtsunterschiede zwischen Pferd und Reiter aufzufangen.

Das Training mit dem Clicker

Shaping – dieses unbekannte Objekt soll später ohne Probleme benutzt werden.

Der erste Schritt: Das Gebiß wird dem Pferd gezeigt.

Shaping

Der englische Begriff „Shaping“ bedeutet, einen Gegenstand zu prägen, zu formen oder zu gestalten. Im übertragenen Sinne kann man auch davon sprechen, daß ein Bewegungsmuster eingeschliffen wird oder daß die Entwicklung eines bestimmten Verhaltens genau bestimmt wird. Da es kein deutsches Wort gibt, welches all diese Bedeutungen so problemlos unter einem Begriff zusammenfaßt, soll in diesem Buch weiterhin das englische „Shaping“ benutzt werden.

Im Grunde kennen Sie es schon

Shaping ist ein wichtiger Vorgang bei jedem Training – nicht nur beim Clickertraining. Der Begriff bezeichnet den ganzen Prozeß von den mühsamen ersten Versuchen, ein neues Kommando zu etablieren, bis hin zum zügigen und perfekten Befolgen des Kommandos. Der Ablauf des Shaping wird hier an einem konkreten Beispiel vorgestellt und aufgegliedert. Für die weiteren praktischen Beispiele, wie Sie den Clicker beim Pferd erfolgreich einsetzen können, wird dann immer auf den Shapingprozeß verwiesen.

Das Pferd berührt das Gebiß mit dem Maul: C+B.

Das Pferd hat das Gebiß freiwillig ins Maul genommen: C+B.

Das Training wird gegliedert

Shaping bedeutet, daß Sie sich Ihrem Trainingsziel in kleinen oder unter Umständen auch kleinsten Schritten nähern. Vor jedem Training müssen Sie sich zunächst zwei Dinge überlegen: Welches ist Ihr Ausgangspunkt für das Training, und welches Trainingsziel wollen Sie erreichen. Ein gutes Beispiel, um dieses Verfahren zu erklären, ist das Gewöhnen des Pferdes an die Trense.

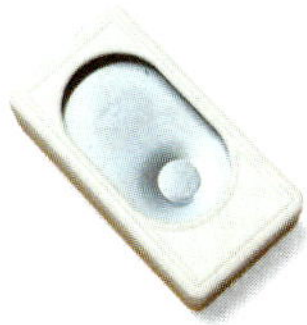

Gewöhnung an die Trense – ein gutes Beispiel

Ausgangssituation

- Das Pferd kennt noch keine Trense.

Trainingsziel

- Das Pferd nimmt das Gebiß bereitwillig ins Maul und läßt sich entspannt weiter aufzäumen.

Bevor Sie mit dem Training beginnen, müssen Sie jetzt auch noch die einzelnen Schritte vom Ausgangspunkt zum Trainingsziel definieren. Was hat in der logischen Reihenfolge zuerst zu kommen? Hier müsen Sie zum einen bedenken, was im Training vom Ablauf her praktikabler ist – Sie müssen aber auch den Ablauf der späteren

Endhandlung im Auge behalten. Für das Beispiel „Trense" wäre es unpraktisch, zunächst das Genickstück über die Ohren zu ziehen und dann den Rest zu machen. Sinnvoller ist es, mit dem Gebiß zu beginnen und dann an die Ohren zu denken.

Das Pferd macht alles freiwillig

Das Shaping im Clickertraining beinhaltet noch eine weitere wichtige Komponente, die zum einen typisch für das Clickertraining ist und es zum anderen auch so erfolgreich macht. Sie geben Ihrem Pferd das Gebiß nämlich nicht einfach ins Maul. Sie warten, bis das Pferd es von alleine und gerne ins Maul nimmt. Das Clickertraining arbeitet damit, daß Sie Ihr Pferd ausprobieren lassen und dann von den Verhaltensweisen, die das Pferd von sich aus zeigt, diejenigen auswählen, die auf dem Weg zum erwünschten Ziel liegen. Das „Auswählen" geschieht mit dem Clicker: Damit markieren Sie diejenigen Verhaltensweisen, die dem Pferd Vorteile in Form einer Belohnung bringen. Und so wird das Pferd von ganz allein diese Verhaltensweisen mehr und mehr zeigen. Typisch für das Clickertraining ist, daß das endgültige Kommando (das auslösende Signal) erst ganz zum Schluß eingeführt wird, wenn das Pferd schon mehr als bereit ist, das gewünschte Verhalten oft und schnell zu zeigen.

Shaping mit System

Sie haben sich überlegt, was nach dem Ausgangszustand (das Pferd hat die Trense noch nie gesehen) der nächste Schritt auf dem Weg zum Trainingsziel wäre. Diesen Schritt versuchen Sie aufzubauen. Wenn dieser Schritt erreicht ist, werden die Kriterien wieder höher gesetzt und der nächst folgende Schritt wird angestrebt. Trensentraining könnte zum Beispiel so ablaufen:

Ausgangssituation: Das Pferd kennt kein Gebiß

1. Das Gebiß wird dem Pferd vor die Nase gehalten. Wenn es sich dem Objekt mit den Nüstern nähert, um daran zu riechen: C+B. Das Pferd merkt: Wenn seine Nase sich diesem Ding nähert, hat es Vorteile. Dies wiederholen Sie ca. 10mal.
2. Die Kriterien werden das erste Mal verschärft: Nur schnuppern reicht nicht mehr. Das Pferd muß das Gebiß jetzt deutlich mit der Nase berühren für einmal C+B. Ca. 10 Wiederholungen.
3. Jetzt muß das Pferd das Maul öffnen und Kontakt mit der Zunge zum Gebiß herstellen. 10 Wiederholungen mit C+B

4. Jetzt muß das Pferd das Gebiß zwischen die Zähne bzw. mit den Zähnen nehmen. 10 Wiederholungen mit C+B.

5. Das Pferd muß das Gebiß eine gewisse Zeit im Maul halten, bevor es C+B erhält.

6. Das Gebiß ist zwischen den Backenstücken befestigt. Wenn das Pferd das Gebiß im Maul hat, werden die Backenstücke auf beiden Seiten etwas am Kopf hochgehalten: C+B. Ab jetzt soll das Pferd das Leckerli mit dem Gebiß im Maul erhalten, es darf das Gebiß dann aber noch aus dem Maul „sortieren", wenn es das Leckerli frißt.

7. Das Zaumzeug wird am Genickstück gefaßt und bis an die Ohren am Kopf hoch gehalten: C+B.

8. Das Gebiß ist im Maul, und das Genickstück ist hinter den Ohren plaziert. Das Pferd muß einen kurzen Moment ruhig bleiben, bevor C+B kommt. Auch hier 10 Wiederholungen.

Und nun haben Sie das Trainingsziel erreicht.

Für diese ganze Sequenz genügt in der Regel ein einziger Tag. Natürlich können Sie auch jetzt noch Kriterien steigern: Das ganze sollte z.B. noch an drei bis vier anderen Orten geübt werden, damit das Pferd generalisiert und nicht ortsgebunden lernt. Und dann kommen die weiteren Dinge, die nach dem Aufzäumen so passieren. Die Zügel werden über den Kopf auf den Widerrist gelegt, oder das Pferd wird an den Zügeln herumgeführt.

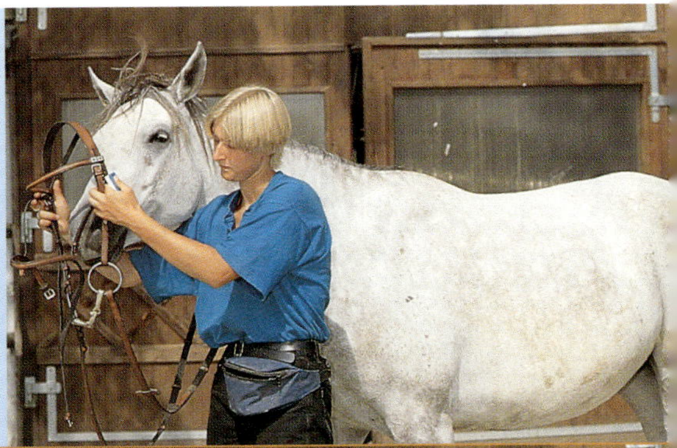

Das Pferd nähert sich mit der Nase dem Gebiß und die Backenstücke werden seitlich am Kopf hochgehalten.

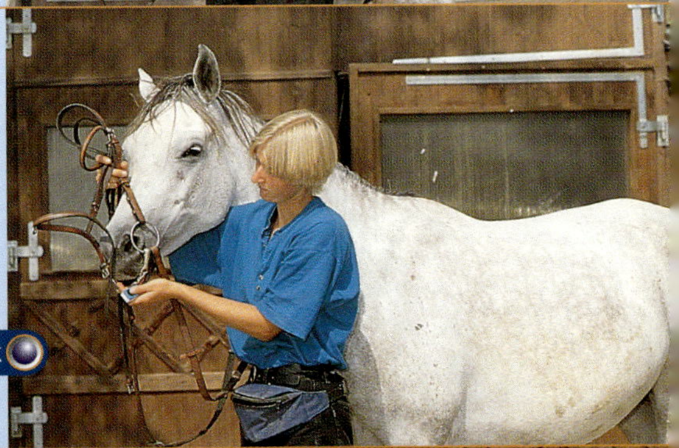

Das Pferd hat das Gebiß mit dem Maul berührt: C+B.

Click

Das Pferd kaut sein Leckerli mit dem Gebiß im Maul.

Auf einen Blick

Das Kommando

- *Das Kommando ist das Signal, welches mit dem gewünschten Verhalten assoziiert ist und dieses Verhalten beim Pferd auslöst. Pferde können sehr leicht mehrere Signale für ein und dasselbe Verhalten lernen: ein gesprochenes Wort* **HALT** *z.B. und eine ganze Parade um anzuhalten. Man sagt auch, daß das jeweilige Verhalten des Pferdes unter der Kontrolle des Kommandos steht.*
- *Ein Signal sollte immer in der geringst möglichen Intensität gegeben werden, die das Pferd unter den gegebenen Umständen gerade noch wahrnehmen kann. Momentan trainiert man Pferde eher so, daß man anfangs mit einem starken Kommando arbeitet und dieses im Laufe „schwächer" macht. Dies ist beim Clickertraining nicht nötig, da Sie ja das gewünschte Verhalten schon haben, wenn Sie das Kommando etablieren.*
- *Das Signal muß deutlich gegeben werden.*
- *Das Signal muß immer gleich sein.*
- *Das Signal darf nur einmal gegeben werden. Lassen Sie sich nicht auf Wiederholungen ein. Sonst kann das Signal zum Anhalten nachher unter Umständen* **HALTHALTHALT** *sein.*

Nun wird das Zaumzeug dem entspannten Pferd vollständig übergezogen.

Und jetzt können Sie das Kommando geben

Jetzt können Sie auch ein Kommando etablieren für die komplette Verhaltenssequenz „Steck deine Nase zwischen diese Lederriemen, nimm das längliche Ding aus Metall ins Maul und laß dir gefallen, daß die Lederriemen über deinen Kopf gezogen werden". Mein Kommando ist **ANZIEHEN** – welches Wort möchten Sie verwenden?

Die Belohnung wird variabel

Im theoretischen Teil wurde schon besprochen, daß im Training mit positiver Verstärkung anfangs immer belohnt wird und später, wenn das Verhalten etabliert ist, nur noch hin und wieder und für das Pferd unvorhersehbar. Man nennt dies dann entweder eine permanente Belohnung oder eine variable Belohnung. Wenn Sie ein komplettes Verhalten einschließlich des auslösenden Signals (Kommando) einmal etabliert haben und im Training unter normalen, streßfreien Bedingungen bei einer 80 bis 90prozentigen Erfolgsrate angelangt sind, müssen Sie

Das Pferd muß einen kurzen Moment ruhig stehen bleiben, bevor es C+B erhält.

Click

Und nun gibt es den primären Verstärker: Welches Leckerchen liebt Ihr Pferd besonders?

Click

Demonstration mit einem verläßlich stehenden Pferd. Bitte üben Sie mit einem Helfer.
Beim Gewöhnen an den Sattel geht man ähnlich wie beim Trensentraining vor: Zunächst wird ein neutrales Beschnuppern belohnt.

von der permanenten auf die variable Belohnung umschalten. Sonst verschlechtert sich das erlernte Verhalten nach einiger Zeit wieder. Wenn das Pferd weiß, daß es sowieso eine Belohnung bekommt, egal wie und wann es das gewünschte Verhalten zeigt, wird es sich immer weniger Mühe geben.

Solange Sie noch im Shaping-Prozeß drin sind, belohnen Sie immer permanent ... aber Sie definieren dabei eindeutig das Pferdeverhalten, welches Sie für belohnungswürdig erachten. Insofern kann die Belohnung beim Shaping für den unerfahrenen Beobachter wie eine variable Belohnung aussehen – sie ist es aber nicht. Für ein Pferd sind dabei die Übergänge von einem Kriterium zum nächst höheren besonders am Anfang eine kleine Herausforderung. Im Beispiel Trensentraining hat das Pferd durch die ersten Clicks eine

Danach bewegt man die Satteldecke eng am Pferdekörper entlang Richtung Rücken. Bleibt das Pferd ruhig: C+B.

Nun liegt die Decke bei einem entspannten Pferd auf dem Rücken.

Das ganze Spiel beginnt noch einmal mit dem Sattel.

Der Sattel wird dem entspannten Pferd aufgelegt: C+B. Daß die Ohren des Pferdes nach hinten zeigen, signalisiert keine Angst. Das Pferd informiert sich nur, was hinter seinem Hals los ist.

Erwartungshaltung entwickelt: „Wenn ich an diesem Metallding schnupper, bekomme ich eine Belohnung." Und nun bleibt die Belohnung plötzlich aus. Dies ist ein kritischer Moment. Besonders bei den Trainingsmethoden, bei denen häufig positive Strafmaßnahmen angewendet werden, kommt es zu diesem Zeitpunkt zu Problemen. Eine nicht erfüllte Erwartungshaltung führt zu Frustration. Frustration führt zu Streß und damit zu geringerem Lernerfolg.

Auch Pferde zeigen Frustverhalten

Aus Frustration heraus zeigen Lebewesen häufig überschießende Reaktionen und eine momentane Verstärkung desjenigen Verhaltens, welches ohnehin nicht zum Ziel führt. Dies alles ist dem Trainingserfolg abträglich. Ein schönes Beispiel für ein frustrationsverstärktes nutzloses Verhalten beim Menschen kann man mit der Fernbedienung von Fernsehern geben. Jeder hat mittlerweile so ein Ding, und jeder hat sein Ritual, wie er sich mit diesem Ding in der Hand vor den Fernseher setzt, draufdrückt ... und der Fernseher geht an. Ich wette mit Ihnen: Wenn Sie sich heute abend hinsetzen, auf den Knopf drücken ... und der Fernseher bleibt dunkel, daß Sie bestimmt noch dreibis vier mal auf den Knopf drücken, bevor Sie nachgucken, ob der Fernseher Strom hat oder überlegen, ob die Batterien der Fernbedienung eventuell leer sein könnten. Auch Ihr Pferd braucht eine gewisse Zahl an Wiederholungen (der nutzlosen Versuche), bis es merkt, daß nun etwas anders läuft. Bei positiven Trainingsmethoden kommt es dabei aber zu deutlich weniger Streß, weil das Pferd außer dem Mißerfolg seiner Versuche keine weitere unangenehme Erfahrung macht.

Und dann wird Ihr Pferd probierfreudig

Nun probiert das Pferd aus, wie es doch noch an die Belohnung kommen könnte. Dies ist typisch für Pferde, die konsequent auf sekundäre Verstärker konditioniert wurden: Sie probieren tatsächlich! Je nach Charakter des Pferdes und nach dem Schwierigkeitsgrad des erwünschten Verhaltens dauert es mal kürzer und mal länger. Wenn Ihr Pferd zu lange probiert, bis das von Ihnen anvisierte Verhalten gezeigt wird, müssen Sie unter Umständen Ihre Kriterien für die Steigerung im Shaping neu überdenken und einen weiteren Zwischenschritt einplanen. Wenn das Pferd nur kurz probiert und dann das Interesse verliert, haben Sie entweder den Clicker noch nicht gut genug geladen oder Sie müssen den Schritt davor länger gestalten. Wie beim Laden des Clickers sind auch hier die Wiederholungen von 10 x C+B Durchschnittswerte. Einige Pferde brauchen länger, und andere sind schneller bereit für den nächsten Schritt. Und das Ganze

Das Pferd soll einen Huf in die Schüssel stellen. Das ist das Trainingsziel. So etwas kann z.B. zur Wundpflege am Bein nützlich sein. Es soll aber auch verdeutlichen, daß man Pferde ganz langsam an extrem ungewohnte Situationen heranführen muß.

Manchmal muß man das Pferd auch ködern, z.B. mit etwas Futter in der Hand in der Schüssel.

Click

kann sich später wieder ausgleichen. Unter Umständen lernt das Pferd, welches in den ersten drei Schritten jeweils 20 x C+B benötigt hat, später schneller und bewältigt zwei Schritte auf einmal.

Ködern Sie Ihr Pferd

In dem oben genannten Beispiel für das Trensentraining wurden nur freiwillig gezeigte Verhaltensweisen erwähnt. Manchmal müssen Pferde aber sanft, d.h. ohne Zwang, dazu gebracht werden, das erwünschte Verhalten zu zeigen. Dies wird in Zukunft als „Ködern" bezeichnet. Anstatt zu warten, bis das Pferd von alleine mit der Zunge das Gebiß berührt, könnten Sie dieses auch mit etwas Honig beschmieren und so deutlich die Chance erhöhen, daß das Pferd das Maul öffnet und mit Zunge oder Zähnen an das Gebiß geht. Nach einigen Wiederholungen mit C+B können und müssen Sie dann den Köder weglassen.

Versuch und Irrtum

Ein Pferd, welches zum ersten Mal einen Shaping-Prozeß durchläuft, wird am Anfang mit der reinen Methode „Versuch und Irrtum" ans Ziel kommen. Je mehr sich Reiter / Trainer und Pferd mit dem Clicker beschäftigen, daß heißt je häufiger das Pferd damit gearbeitet wird, um so experimentierfreudiger wird das Pferd werden und die verschiedensten erlernten Verhaltensweisen ausprobieren. Damit

ClickerTips

Die Gerte (siehe Fotos S. 62 ff.) gibt dem Pferd ein Signal ähnlich wie die Hände bei den Übungen für „Schulter herein". Sie können sich über den Clicker aus diesem Signal sanft herausschleichen, indem Sie die Hilfe mit der Gerte immer dezenter geben und gleichzeitig die andren Hilfen betonen. C+B erhält das Pferd, wenn es das gewünschte Verhalten auf die Hilfen mit Zügel, Gesäß und Beinen zeigt.

as Pferd nimmt nteressiert und treßfrei Kontakt mit em komischen bjekt auf...

... und ist eng herangetreten: Dafür erhält es natürlich eine schmackhafte Belohnung.

Nun wird das Bein über die Schüssel gehalten: C+B. Im nächsten Schritt stellt man den Huf in die Schüssel.

versucht es herauszufinden, ob sie ihm nicht auch zur Belohnung verhelfen. Auch wenn dies manchmal komische Situationen kreiert und Sie dann herzhaft loslachen könnten – bleiben Sie konsequent bei Ihrem Plan, und belohnen Sie nur das gewünschte Verhalten.

Endlich – das Signal wird etabliert

Sie haben mit dem Clicker ein spezielles Verhalten beim Pferd herausgeformt. Dies geschah einfach dadurch, daß dem Pferd ohne Druck klar gemacht wurde: „Es hat Vorteile, dieses Verhalten so und nicht anders zu zeigen." Im oben genannten Beispiel ist dies über einen Shapingprozeß abgelaufen. Natürlich geht es auch ohne Shaping – z. B. bei Verhaltensweisen, die von Anfang an schon im erwünschten Ausmaß gezeigt werden. Egal ob das gewünschte Verhalten ohne Shaping gezeigt wurde oder ob ein Shaping erforderlich war: Wenn Sie beim gewünschten Verhalten angelangt sind, wird das eigentliche Signal (= Kommando) etabliert.

Was ist das Kommando für das Pferd?

Ihr gesprochenes Kommando wäre im Trensenbeispiel im Grunde schon das zweite Signal (Kommando) für die Aktion „Nase zwischen die Lederriemen und Metallding ins Maul nehmen". Das erste Signal ist nämlich der Anblick des Zaumzeugs. Wenn Ihr Pferd nur von Ihnen geritten wird, brauchen Sie eigentlich auch kein gesprochenes Kommando. Wenn Sie aber z. B. eine Reitbeteiligung haben, sieht es schon anders aus. Jeder Mensch hat seine eigene Methode, das Zaumzeug zu halten. Damit kann Ihre Methode des Haltens nach dem Clickertraining ein Signal darstellen – und die Methode Ihrer Reitbeteiligung nicht. Ein gesprochenes Kommando würde hier Eindeutigkeit für Sie beide und das Pferd schaffen.

Und so etablieren Sie das Signal

Sie warten, bis das Pferd das erwünschte Verhalten zeigt, und sagen zeitgleich dazu das Kommando. Gleich danach folgen C+B. Das Ganze wird dann für die Konditionierung häufig hintereinander gemacht. Es muß ein enger zeitlicher Zusammenhang zwischen gezeigtem Verhalten, gesprochenem Signal und Belohnung in Form von C+B bestehen. Am schnellsten lernt das Gehirn auch hier (analog der klassischen Konditionierung beim Laden des Clickers), wenn Sie das Kommando einen Sekundenbruchteil eher sagen, bevor das Pferd das

Verhalten zeigt. Im Grunde müßten Sie den genauen Beginn des Verhaltens also erahnen. Da wir alle keine Hellseher sind, und da ein paralleler Ablauf von Verhalten und Signal auch noch einen zügigen Lerneffekt (Konditionierung der Assoziation) bedeutet, versuchen Sie einfach, so gut es geht, es gleichzeitig zu machen.

Wenn das Pferd das Signal 10- bis 15mal gleichzeitig zum gezeigten Verhalten gehört hat, versuchen Sie deutlich, das Signal als Kommando zu geben. Sie halten das Zaumzeug hin, aber etwas zusammengeschoben, und sagen das Kommando. Wenn das Pferd versucht, seine Nase auch unter diesen zusammengeschobenen Lederriemen zu schieben, um mit der Nase an das Gebiß zu kommen, können Sie davon ausgehen, daß die Assoziation gelungen ist und schon eine gewisse Konditionierung stattgefunden hat.

Das Pferd korrigiert sich selbst

Jetzt wird nur noch mit Kommando gearbeitet. Das Kommando wird gesagt – und wenn das Pferd richtig reagiert, wird es belohnt. Ein nicht gut, gar nicht oder falsch gezeigtes Verhalten wird ignoriert. Hier liegt ein wichtiger Unterschied zu vielen anderen Trainingsmethoden: Es findet keine Korrektur statt! Eine aktive Korrektur von Ihnen ist nicht nötig, da das Pferd sich selbst korrigieren wird. Über das Ignorieren erhält das Pferd eine eindeutige Mißerfolgsmeldung von Ihnen. Das Pferd selbst wird für sich nach Wegen suchen, wie es den Mißerfolg vermeiden kann. Und Sie markieren diesen Weg mit Ihrem Clicker. Die Mißerfolgsmeldung ist ein sehr wirksames Signal im Training, welches von vielen Menschen unterschätzt wird. Das

Korrektur erfolgt am sichersten und zuverlässigsten über die Mißerfolgsmeldung. Aber Mißerfolg ist nicht gleichbedeutend mit Strafe!

mag daran liegen, daß Menschen häufig meinen etwas tun zu müssen, wenn andere Menschen / Lebewesen Fehler machen: „Man muß dem Pferd doch sagen, was es falsch gemacht hat!" Dem Pferd ist es relativ egal, wenn Sie ihm sagen, daß es etwas falsch gemacht hat, selbst wenn Sie dies über eine aversive Maßnahme (Strafe) machen. Das Pferd hat keine Vorstellung von „falsch" oder „richtig" im menschlichen Sinne. Für das Pferd ist die einzig relevante Frage: „Lohnt es sich für mich oder lohnt es sich nicht?" Über Mißerfolgsmeldungen regeln sich somit viele falsche oder unerwünschte Verhaltensweisen von alleine. Das Pferd lernt einfach, daß es sich nicht lohnt, das entsprechende unerwünschte Verhalten zu zeigen.

In der Natur wird keine Energie verschwendet – denn kein Tier weiß, ob der Supermarkt um die Ecke nicht eventuell morgen geschlossen sein könnte; sprich, ob es in der Lage sein wird, Nahrung zu finden und aufzunehmen. Verhalten von Tieren ist darum immer erfolgs- bzw. zielorientiert. Ein Mißerfolg bedeutet einfach eine Energieverschwendung, und darum ist jedes Tier bestrebt, schnell herauszufinden, mit welchen Verhaltensweisen es Erfolg haben kann.Wichtig für den Trainingserfolg ist immer das Timing. Der Mißerfolg muß dem Tier sofort vermittelt werden. Dazu müssen Sie sich im zügigen Ignorieren üben. Sie müssen zudem mit hohen Wiederholungsraten arbeiten, um die Botschaft des Mißerfolgs gegen die Botschaft des Erfolgs abgrenzen zu können und um diese Grenze deutlich für das Pferd erkennbar zu machen.

Viele Dinge können eine Belohnung für das Pferd sein. Das entspannte Gehen nach einer Trainingseinheit ebenso wie das Leckerli (C+B, siehe Bild Seite 65). C+B kann nur deutlicher und effektiver mit dem erwünschten Verhalten verknüpft werden.

Jetzt beginnt die variable Belohnung

Nachdem das Kommando etabliert ist, fangen Sie wirklich mit der variablen Belohnung an. Ab jetzt wird nicht mehr permanent belohnt, sondern nur noch in Intervallen und für das Pferd nicht vorhersehbar. Nach wie vor sollten Sie aber einen gewissen Überblick über die Qualität des ausgeführten Kommandos behalten. Wenn Sie merken, daß das Pferd anfängt, gewisse Aspekte zu überrennen oder ungenau auszuführen, müssen Sie wieder auf die permanente Belohnung des jeweils perfektesten Verhaltens schalten.

Ich kenne übrigens eine Tiertrainerin in Kanada, die sich ihre variablen Belohnungspläne vom Computer mit dem Zufallsgenerator herauswürfeln läßt. Sie sagt von sich, daß sie ein so systematischer Mensch sei, daß es für sie unmöglich wäre, konsequent variabel zu sein. Sie meint, daß sie immer eine gewisse Systematik entwickeln würde, die die Tiere dann auch sofort bemerken würden.

Vorsicht Falle!

Motivationsmangel

Gerade an dieser Stelle (Endphase eines Shapingprozesses und / oder Etablierung des Kommandos) hat man häufig mit Motivationsproblemen beim Pferd zu kämpfen. Und genau dies ist dann auch der Zeitpunkt, wo viele Menschen, die das Clickertraining halbherzig probiert haben, das Handtuch schmeißen und sagen: „Funktioniert ja doch nicht." Sie erinnern sich an die Definition für Lernen: Es dient immer der Optimierung des eigenen Zustandes. Wenn Ihr Pferd nicht ausreichend motiviert erscheint, haben Sie hier versäumt, dem Pferd diesen Punkt deutlich zu machen: Wenn Du das Spielchen mitmachst, hat es Vorteile für Dich.

Lernen dient immer der Optimierung des eigenen Zustandes

Manchmal hat man als Reiter / Trainer Schwierigkeiten, diese Information schnell zu vermitteln. Das Pferd muß sich unter Umständen erst an diese neue Form des Umgangs mit dem Menschen gewöhnen. Bei jungen und unerfahrenen Pferden, vor allen Dingen ohne negative Erfahrungen, gibt es in der Regel keine Probleme. Bei älteren, die schon Erfahrungen mit anderen Trainingsmethoden haben, kann die „Einstiegsphase" manchmal etwas länger dauern. Das Pferd muß im wahrsten Sinne des Wortes erst Vertrauen in seinen „neuen" Trainer entwickeln. Überlegen Sie hier noch einmal, was Ihr Pferd alles motivieren könnte. Probieren Sie zum Laden des Clickers die unterschiedlichsten primären Verstärker aus. Und arbeiten Sie hin und wieder mit einem „Jackpot".

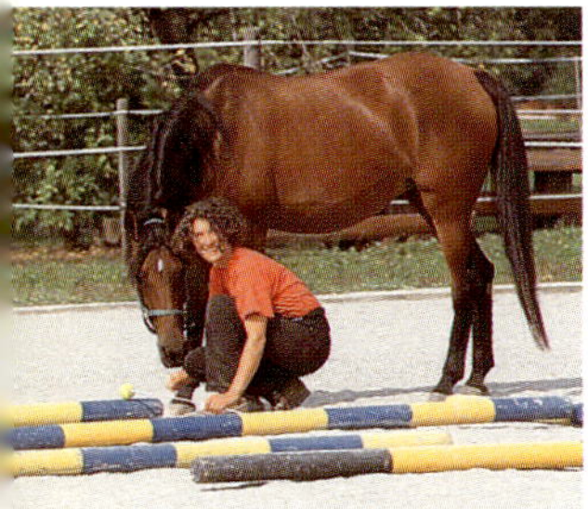

Auf einen Blick

Grundprinzipien von Clickertraining und Shaping

- *Definieren Sie den Ausgangszustand.*
- *Definieren Sie das endgültige Trainingsziel.*
- *Definieren Sie die einzelnen Schritte (abhängig von Ihrem individuellen Pferd), die auf dem Weg vom Ausgangspunkt zum Trainingsziel nötig sind, und beginnen Sie das Clickertraining, um das Verhalten zu etablieren. Machen Sie sich vorher Gedanken über den Einsatz möglicher Köder.*
- *Wenn das Trainingsziel mit einem Schritt erreicht werden kann: Warten Sie, bis das Pferd dieses Verhalten zeigt: C+B.*
- *Wenn ein Shapingprozeß nötig ist, steigern Sie langsam in einzelnen Schritten die Kriterien für das gewünschte Verhalten. Bleiben Sie auf jedem einzelnen Schritt so lange mit C+B, bis das Pferd dieses „Zwischenschritt-Verhalten" gut beherrscht.*
- *Etablieren Sie das gewünschte Kommando für das entsprechende Zielverhalten.*
- *Gehen Sie von der permanenten Belohnung des Zielverhaltens auf eine variable Belohnung über.*
- *Generalisieren Sie das Zielverhalten auf verschiedene Umgebungen und Umstände.*
- *Üben Sie das Zielverhalten unter den verschiedensten Ablenkungen und Schwierigkeitsgraden.*
- *Je nach Sachlage und eigenen Wünschen können Sie jetzt entweder einen anderen Primärverstärker für den Clicker in dieser speziellen Situation einführen oder einen anderen sekundären Verstärker konditionieren, der den Clicker insgesamt ablöst.*

Der Jackpot

Ein Jackpot ist eine ganz besondere Belohnung, die nur für ganz besondere Leistungen gegeben wird. Zum Beispiel ein ganz besonders leckeres Leckerli oder eine größere Menge auf einmal oder ein kleines Laufspiel oder, oder, oder. Clickertraining läuft immer auf eine intensive Kommunikation zwischen Ihnen und Ihrem Pferd hinaus. Einige Pferde müssen erst Zutrauen in diese Kommunikation finden bzw. müssen die Bereitschaft entwickeln, sich darauf einzulassen.

Das Trensenbeispiel wurde hier bewußt gewählt, weil es so einfach nachzumachen ist, auch für jemanden, der den Umgang mit dem Clicker erst üben muß. Und ich habe die Erfahrung gemacht, daß diese Herangehensweise an das Aufzäumen auch mit einem Pferd geübt werden kann, welches das Aufzäumen schon kennt.

Ein Stab zeigt den Weg

Der Targetstick

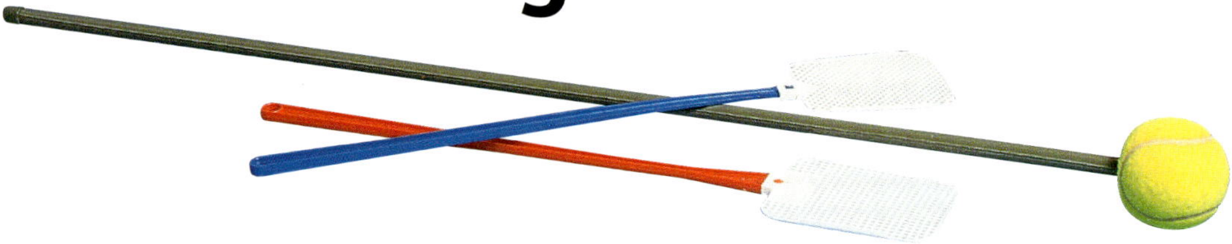

Targetstick und Leckerli im Größenvergleich. Das Leckerli ist als Köder auf den Targetstick geklebt.

Schon wieder ein englisches Wort! „Target" heißt Ziel – aber der deutsche Begriff „Zielstock" wirkt im wahrsten Sinne des Wortes hölzern. Der Targetstick ist ein raffiniertes Hilfsmittel und bei der Bodenarbeit hervorragend einsetzbar. Das Pferd wird hier trainiert, einem beweglichen Ziel zu folgen. Da es das Ziel kennt und nur positive Umstände damit verbindet, kann man diesen Targetstick einsetzen, um Pferde streßfrei an neue Situationen zu gewöhnen.

Die Amerikaner Karen Pryor und Gary Wilkes, die das Clickertraining für Hunde entwickelt haben, haben als Targetstick einen Teleskopzeigestab genommen, der voll ausgezogen ca. 50 cm lang war. Ich benutze für Pferde einen stabilen Bambusstab von 50 bis 80 cm Länge und knapp 2 cm Durchmesser. Ein Ende dieses Stabes wird an der Spitze dick mit hellem Klebeband (z.B. Leukotape) umwickelt, so daß er hier ungefähr 5 cm Durchmesser hat. Man kann auch einen Tennisball auf eine Spitze des Stabes stecken. Trainingsziel ist, daß das Pferd den Targetstick an dieser markierten Spitze mit der Nase berührt und dafür C+B erhält.

So trainieren Sie Ihr Pferd auf den Targetstick

Sie halten dem Pferd den Targetstick in einer ruhigen, langsamen Bewegung dicht vor die Nase. Dabei wird der Stick von Ihnen anfangs ungefähr auf der Mitte gegriffen, und das Ende mit der Klebebandkugel / dem Tennisball wird dem Pferd gezeigt. Einige Pferde sind so neugierig, daß sie den Targetstick sofort beschnuppern, wenn man ihn ihnen unter die Nase hält. In dem Moment, wo die Pferdenase am Targetstick ist, geben Sie C+B und wiederholen auch dies mindestens zehnmal.

Andere Pferde sehen zu Beginn keine Veranlassung, mit diesem komischen Ding näher in Kontakt zu treten. Hier können Sie ködern: Schmieren Sie etwas Honig oder Sirup an den Tennisball bzw. auf das Klebeband. Wenn auch das nicht hilft, kann man als weiteren Köder ein Pferdeleckerli mit etwas doppelseitigem Klebeband befestigen. In dem Moment, wo das Maul des Pferdes Kontakt aufnimmt: C+B.

Wenn das Pferd durch nichts zu bewegen ist, freiwillig die Nase an den Targetstick zu bewegen, kommen Sie ihm entgegen. Die alte Geschichte mit dem Berg und dem Propheten. Berühren Sie ganz langsam und nur kurz mit dem markierten Ende vom Stick die Nase. Bei der Berührung erfolgen parallel C+B. Machen Sie dies 8- bis 10mal und halten Sie den Targetstick dann wieder in kurzer Entfernung vor den Pferdekopf. Nun hat das Pferd ja immerhin schon eine gewisse Vorstellung, was C+B einbringen könnte: Es muß eine Berührung zwischen Targetstick und Pferdenase geben. Jetzt müssen Sie abwarten – häufig bieten dann die Pferde nach einiger Zeit doch die Berührung von alleine an. In der Regel geht dieses Training schnell. Ich erinnere mich an einen alten Wallach, bei dem ich tatsächlich über 35mal den Targetstick aktiv gegen die Nase bringen mußte. Dieses Pferd hatte Zeit seines Lebens wenig lernen müssen. Dadurch war das Probierverhalten und Problemlösungsverhalten sehr verkümmert und mußte mit dem Clickertraining regelrecht ausgegraben werden.

Der Targetstick wird dem Pferd ruhig vor oder neben die Nase gehalten.

Wenn die Pferdenase den Stick berührt: C+B.

Click

Direkt nach dem Click gibt es das Leckerli.

Eine echte Herausforderung für den Targetstick: das Labyrinth. Zunächst wird nur geguckt.

Das Pferd folgt dem Targetstick

Wenn das Pferd gelernt hat, auf sehr kurze Distanz seine Nase aktiv gegen den Targetstick zu drücken, vergrößern Sie die Distanz zwischen Targetstick und Pferdenase. Machen Sie es aber nur in kleinen Schritten von ca. 5 cm, bis Sie eine verläßliche Reaktion des Pferdes bei einer Distanz von 40 bis 50 cm haben. Jetzt können Sie Entscheidungsprobleme einbauen. Das Pferd lernt, daß es einen Umweg gehen muß, um an seine Belohnung zu kommen. Halten Sie den Targetstick zur einen Seite und die Hand mit dem Leckerli zur anderen. Wenn das Pferd den direkten Weg zur Hand mit den Leckerli wählt, bleiben Sie einfach ruhig stehen und warten ab. Das Pferd muß erst

Das Pferd folgt dem Stick in das Labyrinth hinein.

Die enge Kurve am Kopf des Labyrinths ist der schwierigste Moment. Das Pferd muß sich aus der zügigen Vorwärtsbewegung heraus eng um 180° drehen.

mit der Nase zur einen Seite und den Targetstick berühren, bevor es sich auf der anderen Seite nach dem Click das Leckerli aus der Hand holen darf.

Wenn das Pferd den Targetstick kennt und auch auf 50 cm Entfernung zum Maul zügig berührt bzw. den Umweg über die Berührung zum Leckerli hin nimmt, können Sie den Stick in Bewegung setzen. Jetzt fassen Sie ihn am unmarkierten Ende und halten ihn weiter von sich und auch weiter vom Pferd weg. Das Pferd soll jetzt einige Schritte auf den Targetstick zu machen, um mit der Nase daran zu stoßen. Klappt dies, während Sie an einem Platz stehen und den Stick um sich herum „wandern“ lassen, können Sie sich selbst danach in Bewegung setzen. Sie halten den Targetstick seitlich neben Ihren Körper und bewegen sich langsam weg vom Pferd. Das Pferd folgt,

Am besten bleibt die Führperson dabei stehen und gibt nur über die Bewegung des Targetsticks die richtige Richtung an.

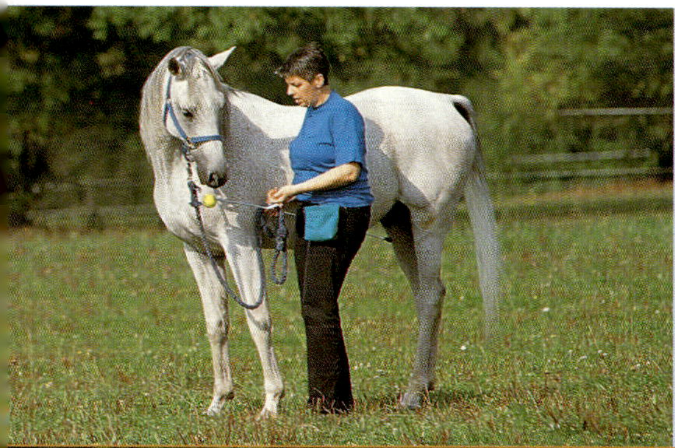

Hier geht es mit dem Targetstick hinein in die gymnastische Bodenarbeit, z.B. als Vorübung zum „Schulter herein".

Sie stehen mit dem Stick eng neben dem Pferd. Dadurch muß das Pferd den Kopf eng neben der Schulter herumführen, um an den Stick zu kommen.

Click

Das Pferd muß sich also schon ziemlich biegen – über leichtes Drücken mit der anderen Hand an Schulter und Kruppe könnte man nun erste Körperbewegungen zur Seite initiieren.

um mit der Nase an den Targetstick zu stupsen. Momentan sind Sie dabei immer noch bei einer permanenten Belohnung: Jedesmal, wenn Nase und Targetstick sich treffen, gibt es C+B.

Die Kriterien verschärfen sich

Wenn Ihnen das Pferd zufriedenstellend auf gerader Strecke folgt, können Sie hierbei auf die variable Belohnung umschalten. Dies bedeutet, daß das Pferd mehrmals an den Targetstick stupsen muß, bis es C+B erhält.

Sie können aber auch die Kriterien für das Folgen steigern, indem Sie das Gelände wechseln. Dann muß natürlich zunächst wieder jeder Nasenstupser mit C+B belohnt werden. Zum Beispiel können Sie jetzt mit Ihrem Pferd durch ein Labyrinth gehen oder auf die Wippe.

Praktische Übungen am Boden

Pferde mögen häufig an bestimmten Körperteilen nicht gerne berührt werden. Dies führt zu Problemen, wenn eine Berührung unbedingt notwendig wird – z.B. bei einer Erkrankung.

Gewöhnungstraining am Auge. Wenn das Pferd entspannt ist: C+B. Diesem Pferd werden Sie später eine Augensalbe genauso problemlos verabreichen können.

Vom Auge geht es weiter den Kopf hinauf zum Ohr (die andere Körperseite nicht vergessen) und den Hals hinunter.

Ein so entspanntes Pferd ist keine Selbstverständlichkeit, sondern das Produkt eines entsprechenden Trainings. Selten sind Pferde als Fluchttiere von Natur aus so phlegmatisch, daß man ihnen sofort am Kopf „herumfummeln" kann.

Das alltagstaugliche Pferd

Die folgenden Übungen sind für Pferde jeden Alters geeignet, auch für Fohlen. Je jünger das Pferd ist, wenn man ihm die Spielregeln im Umgang mit Menschen beibringt, um so weniger Probleme wird es in irgendeiner Art und Weise später geben. Sei es beim Verladen, beim Schmied oder beim Tierarzt. Wenn Sie ganz junge Fohlen mit dem Clicker arbeiten, müssen Sie anfangs unter Umständen etwas anderes als primären Verstärker nehmen als die gängigen Lek-

und daß es C+B nur gibt, wenn dieses Verhältnis korrekt besteht. C+B gibt es z.B. nur, wenn Pferdehals und Menschenschulter auf gleicher Höhe sind und wenn die Entfernung dazwischen weder zu groß noch zu klein ist.

5. Nach und nach vergrößern Sie dann die Schrittzahl, die das Pferd nach dem Kommando machen muß, um C+B zu erhalten.

Auch ohne Targetstick können Sie das Führen trainieren. Sie haben das Pferd am Strick, stehen leicht seitlich neben dem Kopf und machen dann einfach einen oder zwei Schritte leicht voraus und seitlich weg vom Pferd. Die meisten Pferde folgen dabei zumindest einen Schritt – und schon gibt es das erste Mal C+B. Hierbei wird das Kommando **LOS** erst dann etabliert, wenn das Pferd schon mindestens vier bis fünf Schritte neben Ihnen hergeht. Jetzt müssen Sie sich auch wieder schrittweise an die richtige Distanz heranarbeiten, die beim Führen zwischen Ihnen und dem Pferd herrschen soll.

Slalomlaufen durch die Tonnen – ohne Halfter. Mit dem Targetstick ein Kinderspiel für Pferd und Mensch.

Das Pferd geht in der gewünschten Distanz zum Menschen: C+B.

Dieses Shaping zum Führen dauert bei älteren Pferden in der Regel etwas länger als beim Fohlen. Sie können beim älteren Pferd aber auch ohne weiteres Einzelkomponenten des Shaping benutzen, um nur einzelne Aspekte des Führens zu trainieren oder zu verbessern.

Fuß geben und Fußpflege

Ausgangssituation

- Das Pferd kennt keine Fußpflege.

Trainingsziel

- Das Pferd hebt auf Kommando den Fuß und läßt sich die Pediküre gefallen.

Shaping

1. Sie berühren mit der Hand das ganze Vorderbein einschließlich Fessel und Huf: C+B, wenn das Pferd ruhig stehen bleibt.

Wenn Sie das Leckerli geben, können Sie ruhig anhalten. Der Click hat ja das gewünschte Verhalten eindeutig markiert.

2. Sie legen Ihre Hand für eine längere Zeit jeweils an die Oberseite der Fessel und an die Fesselbeuge: C+B.
3. Sie warten, bis das Pferd von alleine das Gewicht aus dem berührten Bein nimmt: C+B.
4. Das Gewicht muß in dem Moment verlagert werden, in dem Ihre Hand unten an der Fesselbeuge ist: C+B.
5. C+B kommen nur noch, wenn der Huf kurz vom Boden gehoben wird. Keine Sorge: Es dauert nicht drei Tage. Auch hier nutzen Sie einen angeborenen Reflex Ihres Pferdes. Wenn die Fesselbeuge berührt wird, ist es ein natürliches Verhalten, Gewicht zu verlagern bzw. sogar den Fuß mit einer leichten Bewegung nach vorne kurz hochzuheben.
6. Jetzt muß der Fuß deutlich hochgehoben werden: C+B.
7. Der Fuß muß für kurze Zeit oben gehalten werden: C+B.
8. Wenn Sie möchten, können Sie jetzt ein gesprochenes Kommando etablieren.
9. Wenn das Pferd alle vier Füße auf Kommando hebt und eine Weile in der Luft hält (natürlich nicht gleichzeitig...), beginnen Sie mit der Manipulation am Huf und imitieren mehr und mehr das übliche Verfahren der Hufpflege. Auch stärkere Maß-

Langsam tastet sich die Hand am Bein herunter. Bleibt das Pferd ruhig und streßfrei bei der Manipulation: C+B.

Die Berührung an der Fesselbeuge: Fast reflexartig ziehen Pferde den Huf etwas hoch und leicht nach vorn.

nahmen, wie sie zum Beispiel später vom Schmied ausgeübt werden, sollen trainiert werden. Jedesmal, wenn Sie bei einer bestimmten Manipulation Angst oder Streß beim Fohlen oder Pferd bemerken, gehen Sie analog dem Beispiel mit der Berührung der Hinterhand, zu dem Punkt zurück, an dem noch kein Streß gezeigt wurde und machen ab hier ein Gewöhnungstraining mit dem Clicker.

Die Punkte drei bis fünf können unter Umständen fließend ineinander übergehen. Arbeiten Sie zunächst beide Vorderbeine separat. Für die Hinterbeine ist es günstig, die Berührung in der Fesselbeuge zunächst mit dem Targetstick oder der Gerte zu machen. Pferde sind bei Berührung an den Hinterbeinen in der Regel empfindlicher als vorne. Wenn das Pferd die Berührung mit dem Stick ohne Probleme duldet, kann man die Hand einsetzen. Dieses Vortraining mit dem Stick ist besonders bei Fohlen oder unerfahrenen Pferden wichtig. Es dient dabei zwei Dingen: zum einen der eigenen Sicherheit (auch Fohlen haben schon Kraft in den Hinterbeinen und erwachsene Pferde erst recht) und zum anderen dem Verhindern von unangenehmen Erfahrungen beim Pferd und besonders beim Fohlen.

Auch Menschen haben angeborene Reflexe – und die sind manchmal kontraproduktiv für die Trainingsziele. Menschen neigen

Wenn das Pferd das Bein bei der Handberührung so hoch nimmt, kann man das gesprochene Kommando einführen.

Click

Am Hinterbein wird zunächst mit der Gerte oder dem Targetstick geübt.

Click

häufig dazu, vor Schreck reflexartig aktiv gegen das schreckauslösende Objekt zu reagieren.

Wenn Situationen nicht so ablaufen wie gedacht, handeln viele Menschen, bevor sie sich über den Sachverhalt im klaren sind. In diesem Fall wären typische menschliche Reaktionen auf ein zappelndes oder ausschlagendes Fohlen: Meckern, Zupakken, Festhalten des Beines. Mit diesen aggressiven Handlungen soll im Bruchteil einer Sekunde verhindert werden, daß das Fohlen noch einmal ausschlägt. Solche negativen Erfahrungen sollte ein Fohlen im Umgang mit dem Menschen nicht machen! Es setzen dabei folgende Lernprozesse ein: 1. Aggressionen sind eine gute Methode, Probleme zu lösen – denn der Mensch setzt diese Mittel auch ein; 2. sehr schnell werden sich bei weiteren Reaktionen des Fohlens auf

Erst dann wird das Bein mit der Hand berührt.

Click

Die Berührung in der Fesselbeuge hat den gleichen Effekt wie vorne.

Click

die Zwangsmaßnahmen des Menschen Erfolge einstellen. Wenn das Pferd erst einmal 300 bis 400 kg wiegt, ist dieses Lernen am Erfolg für uns sehr unangenehm!

Den Kopf senken

Es ist praktisch, wenn ein Pferd bereitwillig auf Kommando den Kopf herunternimmt. Denken Sie an das Aufzäumen, aber auch an Notfälle wie Verletzungen am Kopf. Eventuell müssen Sie Ihrem Pferd einmal für einige Tage eine Augensalbe verabreichen. Möchten Sie sich dabei immer wie ein Basketballspieler vor dem Korb benehmen?

Shaping

1. Wenn das Pferd von alleine entspannt, mit leicht gesenktem Kopf dasteht: C+B. Dies sollte zwei bis drei Tage lang erfolgen.
2. Sie senken Ihre Hand langsam vor dem Kopf des Pferdes. Wenn es der Hand mit der Nase folgt: C+B. Möglicher Köder: ein Lekkerli in der Hand oder der Targetstick.
3. C+B erfolgen erst, wenn das Pferd eine gewisse Zeit mit dem Kopf in der gesenkten Position verharrt hat. Die Zeit wird graduell verlängert.
4. Ein Kommando für „Kopf herunternehmen“ wird etabliert.
5. Der gesenkte Kopf wird überall berührt.

Über den Targetstick wird das Absenken des Kopfes erreicht. Das Pferd sieht sich das Ding auf dem Boden neugierig an.

Die Bewegung des Sticks sollte langsam und ruhig sein – genauso wie das Pferd später den Kopf senken soll.

Das Pferd geht auf Kommando weg

Die Rangordnung

Pferde sind soziale Tiere, und sie bilden im Zusammenleben in der sozialen Gruppe Hierarchien aus. Auch zum Menschen entwickelt das Pferd schnell eine soziale Beziehung. Da Menschen bei echten Kraftproben mit dem Pferd, z.B. bei einer aggressiven Auseinandersetzung, mit großer Wahrscheinlichkeit den kürzeren ziehen würden, sollten Sie dieses Mittel im sozialen Miteinander möglichst nicht einsetzen. Und zum Glück sind Qualität und Quantität von aggressiven Verhaltensweisen auch nicht das Hauptattribut des ranghohen Pferdes. Das ranghohe Pferd kontrolliert seine Gruppe viel subtiler, indem es nämlich Kontrolle über das gesamte soziale Miteinander in der Gruppe hat. Das ranghohe Pferd setzt anderen Gruppenmitgliedern Grenzen für den Sozialkontakt und muß selbst keinerlei Grenzen einhalten (die Futterrangordnung unter Pferden spiegelt die soziale Rangordnung wieder). Dabei werden die Grenzen selten über Aggression gesetzt, sondern zumeist über reine Präsens und nur zum geringen Teil über Drohgebärden. Wenn Sie Ihrem Pferd immer erlauben, Ihnen überallhin zu folgen, sich Ihnen dicht aufzudrängen oder Sie überall anzuschnuppern, haben Sie keine beziehungsweise nur eine wackelige Chefposition. Mit dem Clicker lernt das Pferd zügig die Signale, mit denen Sie Ihr Pferd aus Ihrem eigenen Raum zurückweisen können. Später können Sie solche Signale auch sehr gut in Konflikten einsetzen, um zum Beispiel einer aggressiven Eskalation vorzubeugen.

Click

Wenn die Pferdenase den Stick am Boden berührt: C+B.

Und das Leckerli gibt es dann wieder oben mit der Nase in der Luft.

Dem Pferd wird eine Grenze gesetzt. Erst als es leicht nach hinten weicht und den Kopf etwas seitlich nimmt, erhält es die Erlaubnis zum Zugriff auf die Futterschüssel.

Geh weg – nach hinten

1. Stellen Sie sich frontal vor Ihr Pferd. Machen Sie dann bei frontaler Körperhaltung einen direkten Schritt auf Ihr Pferd zu, so daß Sie, wenn das Pferd nicht zurückweichen würde, mit Ihrem Brustkorb an die Pferdenase stoßen würden. Es soll ein echter Schritt sein, kein Hüpfer. Sie sollen diesen Schritt ruhig machen, also ohne schlenkernde Arme usw. So, als ob Sie Ihr Pferd eigentlich mehr zurückschieben. Die Bewegung sollte auch keine weiteren Bedrohungssignale enthalten (direkter Blickkontakt, nach vorn geschobener Oberkörper bei Ihnen). Wenn das Pferd auf Ihre Bewegung hin einen Schritt zurückgeht: C+B.
2. Dann wird das Kommando etabliert (**ZURÜCK**). Sie sagen es in dem Moment, wo Sie den Beginn der Rückwärtsbewegung des Pferdes als Reaktion auf Ihren Schritt wahrnehmen. C+B erfolgen, sowie das Pferd den kompletten Schritt nach hinten beendet hat. Beginnen Sie mit dem Einführen des Kommandos aber erst, wenn Sie beobachten, daß das Pferd zügig jedesmal einen Schritt nach hinten macht, wenn Sie von vorne Präsens und Vorwärtsschub erkennen lassen.
3. Wenn das Kommando etabliert ist, geben Sie mehr und mehr das Kommando **ZURÜCK**, ohne die Vorwärtsbewegung gegen das Pferd zu zeigen. Sie arbeiten mehr und mehr über das verbale Signal und schwächen die Arbeit Ihres Körpers ab. Sie schleichen sich sozusagen aus der Körpersprache aus. Ab jetzt gibt es C+B auch nur noch, wenn das Pferd die Rückwärtsbewegung als eindeutige Reaktion auf das gesprochene Kommando gezeigt hat. Anfangs fahren die Pferde gerne zweigleisig und gehen vorsichtshalber schon einen Schritt zurück, wenn Sie näher kommen. Aber Sie wollen ja später kein Pferd, welches bei jeder Annäherung von Ihnen einen Schritt zurück macht, ganz im Gegenteil. Ausschlaggebend ist das gesprochene Kommando in diesem Fall, und das müssen Sie dem Pferd durch Konsequenz und hohe Wiederholungsraten deutlich machen.

Geh weg – zur Seite

1. Ihre Ausgangsposition, von der Sie zunächst mit körperlicher Präsens arbeiten, ist an der Seite des Pferdes, ungefähr auf Höhe der Schulter. Auch hier wenden Sie sich dem Pferd wieder mit Ihrer Körperfront zu und bedrängen es mit Ihrer Vorwärtsbewegung gegen seine Schulter. An der Seite darf es anfangs ruhig zu Köperkontakt kommen: Ihr Bauch und die

Hüften dürfen gegen die Pferdeschulter drücken. C+B erfolgen hier je nach Bewegung des Pferdes. Einige Pferde verlagern zunächst nur das Gewicht auf das äußere Vorderbein und machen noch keinen Ausweichschritt.

2. Dann beginnen Sie einen Shapingprozeß, bei dem Sie von Mal zu Mal mehr Bewegung fordern, bis aus der Gewichtsverlagerung ein echter Schritt, dann zwei und dann drei geworden sind.
3. Auch hier wird das Kommando (z.B. **SEITE**) erst eingeführt, wenn das Verhalten deutlich gezeigt wird. Dann kommt es wieder zum Ausschleichen aus der Körpersprache.

Für beide Kommandos (**ZURÜCK** bzw. **SEITE**) sollten Sie übrigens definieren, wie viele Schritte das Pferd machen soll, und dies mit dem Click deutlich markieren.

Das Pferd fragt höflich „bitte“

Bei diesem Kommando lernt das Pferd zu warten. Es wartet, bis es von Ihnen die Erlaubnis zu einer Handlung erhält. Es fragt sozusagen höflich „bitte“.

Gerade für ein stürmisches und schnell erregbares Pferd ist solch ein Kommando nützlich. Es sollte dann von klein auf geübt werden. Mit einem ausgewachsenen Pferden sollten Sie es nur üben, wenn zwischen Ihnen und Ihrem Pferd eine gute Vertrauensbasis herrscht. Wenn dies nicht der Fall ist, müssen Sie die Vertrauensbasis durch andere Übungen mit dem Clicker erst erzeugen.

Der Weg ist versperrt

1. Gehen Sie mit dem Pferd auf einen Paddock oder eine Weide, wo Sie ungestört sind. Hängen Sie einen Futtereimer von innen an den Zaun, und stellen Sie sich ca. 50 cm daneben. Das Pferd soll den Eimer sehen können, und es soll auch wissen, was darin ist. Das Pferd sollte für diese Übung leicht hungrig sein, damit es zügig versucht, aus dem Eimer zu fressen.

So könnte ein Jackpot aussehen.

2. In dem Moment, indem das Pferd an den Eimer herantreten will, versperren Sie ihm den Weg. Sie treten mit einem großen Schritt in einer deutlichen aber gleichzeitig ruhigen Bewegung vor den Eimer, so daß dieser jetzt hinter Ihrem Rücken ist. Sie sagen dabei nichts und gucken auch das Pferd nicht direkt an. Es soll keine Bedrohung sein. Es ist einfach eine Tatsache: Der Weg ist versperrt. Das Pferd wird zunächst, vermutlich überrascht, den Kopf leicht zurückziehen. Einige Pferde machen durchaus auch einen bis mehrere Schritte zurück. Die meisten Pferde geben aber nicht schnell auf. Dies ist auch der Sinn der Übung. Viele versuchen jetzt nämlich, seitlich an den Eimer zu gelangen. Hier müssen Sie etwas vor dem Eimer hin und her „tanzen“ um die Pferdenase daran zu hindern, an den Eimer zu kommen.
3. Erst wenn das Pferd deutlich einige Schritte vor Ihnen wartet, gibt es C+B, wobei „B“ hier eine Besonderheit ist: Sie treten vom Eimer weg, und das Pferd hat freien Zugang. So wird deutlich: Wer wartet, hat große Chancen auf einen Jackpot. Wer drängelt, geht leer aus.
4. Sie könnten es theoretisch bei der Körpersprache belassen. Ein Kommando wie **WARTE** hat aber den Vorteil, daß Sie es auch auf Distanz benutzen können. Das Kommando trainieren Sie, nachdem das Pferd die Körpersprache für die Situation kennt. Wenn das Pferd bei Ihrem Körperblock zurückweicht, sagen Sie jedesmal das Kommando **WARTE** und geben C+B. Diesmal kommt ein einzelnes kleines Leckerli aus der Hand. In dem Moment, in dem Sie vom Eimer wegtreten, sagen Sie deutlich **DU DARFST** und clicken, wenn sich das Pferd auf den Eimer zu bewegt. Es kann sein, daß das Pferd beim Click wieder auf Ihre Hand guckt. Greifen Sie dann einfach in den Eimer, und geben Sie dem Pferd von dort ein Leckerli. Danach darf das Pferd den Eimer leerfressen.
5. Wenn die Spielregel für diese eine spezielle Situation etabliert ist, müssen Sie sehr sorgfältig daran arbeiten, daß das Pferd generalisiert. **WARTE** soll schließlich zu einem Kommando werden, welches überall gleich befolgt werden soll; ebenso wie **DU DARFST**. Üben Sie mit dem Futtereimer auf verschiedenen Paddocks und / oder Weiden. Üben Sie dann auch im Stall. Übungen im Stall sollten erst begonnen werden, wenn dieses Training draußen gut funktioniert hat. In dieser Übung wird von Ihnen über den Körperblock Frustration erzeugt. Letztlich läßt es sich für kein Pferd hundertprozentig vorhersagen, wie es bei Frustration reagieren wird. Eine Weide oder ein Paddock

setzen das Pferd zu Beginn weniger unter Druck. Es kann weglaufen, wenn ihm die Geschichte gar zu unheimlich wird. Und auch Sie haben Ausweichmöglichkeiten, sollte es nötig werden.

Weitere Trainingssituationen für **WARTE** und **DU DARFST** sind z.B. das Führen des Pferdes durch einen engeren Durchgang oder den Eingang zur Koppel.

Das Kommando „Steh“

Dies ist ein weiteres nützliches Kommando für den Alltag, sei es zum Aufsteigen oder während einer Tätigkeit wie Einflechten. Für das Stehen brauchen Sie kein Shaping – die meisten Pferde zeigen es irgendwann während des Tages.

1. Sie beginnen das Training, indem Sie diese Momente abpassen, das Kommando **STEH** ins Spiel bringen und direkt danach C+B geben. So wird zunächst eine Assoziation hergestellt: alle vier Füße ruhig auf dem Boden = **STEH** = Belohnung. Jetzt beginnen Sie die Arbeit mit dem Pferd, indem Sie es langsam und ruhig am Strick führen und mittendrin stehenbleiben. Die meisten Pferde bleiben aus einem ruhigen Schritt heraus ebenfalls stehen. Sie sagen gleichzeitig **STEH** und geben C+B.
2. Wenn das Pferd gelernt hat, zügig stehen zu bleiben, verzögern Sie die Gabe von C+B. **STEH** soll ja nicht bedeuten, daß das Pferd einen Sekundenbruchteil anhält, sondern daß es solange still steht, bis ein anderes Kommando gegeben wird. Sie müssen jetzt also noch den Zeitfaktor einbauen – und dies geschieht über das Verzögern von C+B. Verzögern Sie die Gabe von C+B aber nicht in zu großen Sprüngen. Wenn Sie merken, daß Ihr Pferd unruhig wird, haben Sie zu lange gewartet. Brechen Sie das Training ab, und warten Sie beim nächsten einmal nur bis kurz vor diesen Zeitpunkt, an dem die Unruhe begann.

Anhalten üben – aus dem Gehen heraus.

Auf das Kommando **STEH** bleibt die Führperson stehen.

Wenn das Pferd ebenfalls stehenbleibt: C+B.

Click

Die Belohnung erfolgt im Stand. Über die Zeitverzögerung von C+B (hierbei nie nur das Leckerli allein verzögern) lernt das Pferd, daß **STEH** eine gewisse Zeit andauern kann.

Plastikplanen auf dem Boden: Für manche Pferde stellen sie eine große Gefahr dar.

Click

Mit dem Targetstick kann man erreichen, daß das Pferd mit der Nase an die „Gefahr“ herangeht.

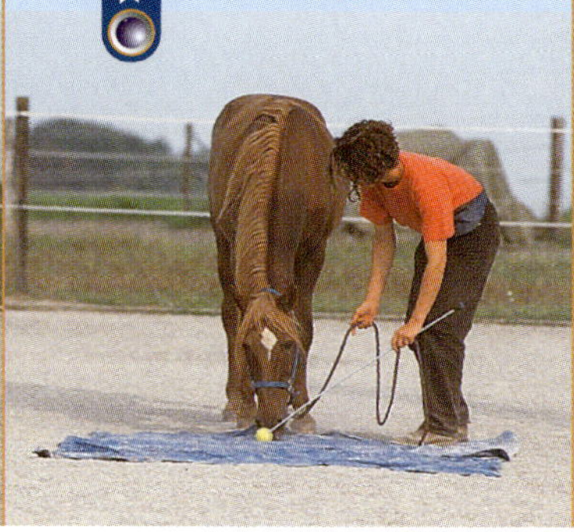

Nun wird der Targetstick dem Pferd vor die Nase gehalten. Das Pferd soll dem Stick folgen und so über die Plane laufen.

3. Wenn Ihr Pferd nach dem Kommando **STEH** zwei bis drei Minuten ruhig steht, verlängern Sie diese Zeit zunächst nicht weiter, sondern bauen andere Schwierigkeitsgrade ein. Viele Menschen unterschätzen den immensen Schwierigkeitsgrad, den eine unterbrochene Kommunikation bedeutet. Im Training geben Sie Ihrem Pferd ja Aufmerksamkeit, Sie sind sozusagen „da“. Jetzt „entfernen“ Sie sich aus der Trainingssituation, z.B. indem Sie einfach den Blickkontakt abbrechen. Sie können die Augen abwenden oder den ganzen Kopf. Sie können sich vom Pferd wegdrehen, um 90° oder sogar um 180°.

Wenn das Pferd seine drei Minuten steht, auch wenn Sie ihm den Rücken zukehren, dürfen Sie noch weiter steigern. Sie können dann z.B. in kleineren und größeren Kreisen um das Pferd herumgehen. Sie können sich kurzfristig auch ganz aus dem Blickfeld des Pferdes entfernen. Hier können Sie Ihre Phantasie spielen lassen. Letztendlich trainieren Sie dieses Kommando dann natürlich auch für Situationen wie das Aufsatteln oder Aufsteigen.

Ihr Pferd hat Angst vor ....

Pferde sind Beutetiere und als solche typischerweise schreckhaft. In der freien Natur ist es wichtig und richtig, den kleinsten Umweltsignalen Aufmerksamkeit zu schenken und zur Not entspre-

Click

Der erste Schritt auf die Plane ist gemacht: C+B.

chende Maßnahmen einzuleiten. Die häufigste „entsprechende“ Maßnahme des Pferdes ist die Flucht nach vorne oder nach hinten. Dies wiederum ist für den Reiter manchmal unangenehm.

Der banale Alltag

Pferde erschrecken sich vor den banalsten Alltagsgegenständen: flatternde oder sonstwie bewegliche Gegenstände, knatternde oder knarrende Objekte, laute Geräusche etc. Sie können Ihr Pferd sicherlich nicht komplett auf alle Möglichkeiten vorbereiten, die Zeit seines Lebens eintreten könnten. Aber Sie können Gefahrenpotential herausnehmen, indem Sie mit Ihrem Pferd einen „Gefahrenparcours“ abgehen oder später auch abreiten und alles Wohlverhalten (Angstfreiheit) mit C+B belohnen. Sie können Plastiksäcke an Zäunen auf-

Plastik kann auch in Streifen vom Himmel hängen. Für ein Pferd sieht das ganz schön gefährlich aus.

hängen; Sie können diese Säcke auch in kleinere Streifen schneiden und diese im Wind flattern lassen; Sie können bunte Säcke oder Plastikplanen auf den Boden legen ... lassen Sie Ihrer Phantasie freien Lauf. Weitere Möglichkeiten: Ein Freund oder eine Freundin von Ihnen bewegt sich plötzlich hinter einer Hecke; ein Mensch macht ein lautes Geräusch.

Angst wird ignoriert

Jegliches ängstliche Verhalten des Pferdes wird ignoriert. Alles streßfreie und nicht ängstliche Verhalten erhält C+B. Bei einigen Situationen müssen Sie unter Umständen zunächst einen sehr großen Abstand zur „Gefahr“ wählen, damit das Pferd überhaupt eine Chance erhält, keine Angst zu zeigen. Hier müssen Sie die entsprechenden Entfernungen zunächst ausprobieren. Gerade beim Üben im

Anfangs kann es erforderlich sein, das Pferd erst einmal eng daran vorbei zu führen.

Und dann läuft das Pferd mitten hindurch. Hier haben wir uns aus dem Targetstick schon herausgeschlichen.

„Gefahrenparcours" kann der Targetstick sehr hilfreich sein. Die Vorgehensweise ist analog der beim Verladen und ist dort ausführlich beschrieben (siehe S. 97).

Desensibilisierung

Anti-Angst-Training findet ohne Kommandos statt und wird in der Art einer Desensibilisierung gehandhabt. Das Pferd lernt, daß die entsprechenden Gegenstände oder Situationen ungefährlich sind und erhält zudem die Rückmeldung, daß ruhiges Verhalten seinerseits auch noch Vorteile hat. Kommandos sind unpraktisch, weil Menschen im Ernstfall das angstauslösende Signal für das Pferd unter Umständen erst dadurch bemerken, daß das Pferd darauf reagiert – und dann sitzt der Reiter eventuell eher auf dem Boden, als daß er ein Kommando geben kann.

Verladen – diese Höhle ist gefährlich

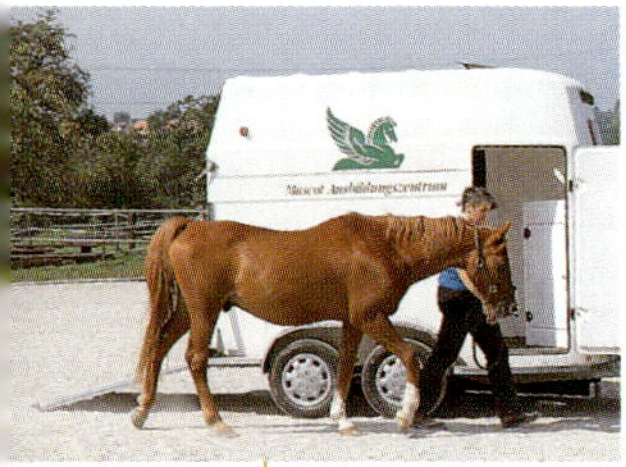

Angstfrei um den Hänger herumlaufen – das ist der erste Schritt: C+B.

Pferde sind keine Höhlenbewohner – welchen Grund hätte ein Pferd also, über eine Rampe in eine Höhle hineinzugehen. Aus diesem Punkt heraus entstehen die meisten Verladeprobleme. Wenn Pferde sich nicht verladen lassen wollen, werden häufig Zwangsmaßnahmen angewendet. Diese bekräftigen Pferde dann nur in ihrer ursprünglichen Einschätzung der Dinge: Diese Höhle ist gefährlich.

Einzelschritte

1. Ein Pferd, welches noch nie in seinem Leben einen Pferdehänger gesehen hat, muß erst einmal mit dem Anblick vertraut gemacht werden. Es wird um den geschlossenen Hänger herumgeführt. Bei Angstfreiheit: C+B.
2. Dann wird es an den Hänger herangeführt. Bei neugieriger Kontaktaufnahme (mit der Nase): C+B.
3. Nun wird der Hänger geöffnet, und das Spiel beginnt von vorn. C+B gibt es jetzt nur noch bei Kontaktaufnahme mit dem hinteren Hängerende.
4. Stehenbleiben und Hineingucken: C+B.
5. Schnuppern an der Rampe: C+B.
6. Ein Huf auf das untere Ende der Rampe: C+B.

Das Pferd guckt sich den Hänger an. Neugierige und angstfreie Kontaktaufnahme wird mit C+B belohnt.

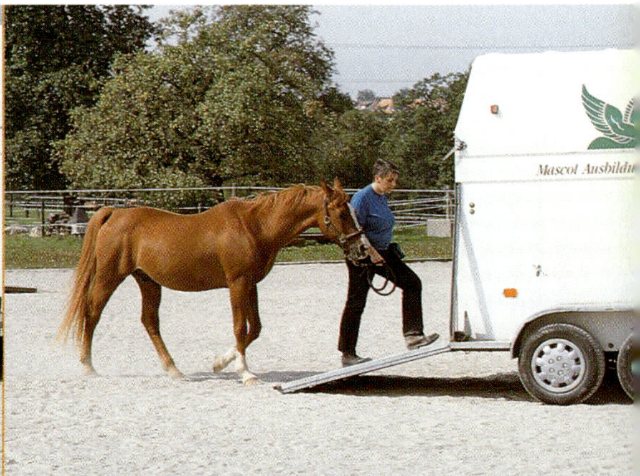

Das Pferd wird an die Rampe des Hängers herangeführt, und man geht zügig hinauf. Für den ersten Fuß auf der Rampe gibt es C+B.

7. Ganz wichtig: Alles passiert völlig ohne Druck. Es erfolgt kein Zug am Halfter in den Hänger hinein. Nun können Sie aber schon einmal in gerader Richtung auf die Rampe zugehen und das Pferd deutlich hinauftreten lassen. Anfangs gibt es C+B für eine Berührung auf den vorderen 10 cm der Rampe. Nach und nach müssen die Füße weiter und weiter auf die Rampe gesetzt werden, bis es irgendwann C+B nur noch gibt, wenn alle 4 Füße darauf stehen. So arbeiten Sie weiter, bis das Pferd im Hänger drin ist. Dort sollte dann ein Jackpot warten.

Verladen mit dem Targetstick

Eine gute Methode für ängstliche Pferde oder für Pferde, die schon ihre eindeutig negativen Erfahrungen mit dem Hänger gemacht haben, ist die Arbeit mit dem Targetstick. Das Pferd nähert sich dem Hänger, indem es dem Targetstick folgt. Ein sehr ängstliches Pferd muß auch mit dem Targetstick unter Umständen einige Male um den Hänger herumgeführt werden.

Jetzt wird das Pferd mit dem Targetstick an den Hänger gelotst. Auch hierbei tasten Sie sich langsam weiter auf die Rampe hinauf. Kalkulieren Sie immer eine gewisse Zeit für das Training ein. Solche

Click

Sollte das Pferd irgendwo in dem Prozeß Angst zeigen, muß abgebrochen werden. Von dem Punkt, an dem die Angst begann, muß man sich dann langsam weiter vortasten: Angstfreies Verhalten wird dann Schritt für Schritt mit C+B belohnt.

Jetzt ist das Pferd auf dem Weg in die Höhle hinein. Wenn der Kopf im Inneren ist: C+B.

Dinge sollten nicht im Ernstfall geübt werden, sondern in einer genau kontrollierten Trainingseinheit. Im Ernstfall, wenn Sie z.B. mit Ihrem Pferd irgendwo hinfahren müssen, ist es zum Üben meistens zu spät.

Longieren – am Anfang sind es Kurven

Auch beim Longieren können Sie den Clicker gut einsetzen. Sie sagen damit Ihrem Pferd aus der Entfernung, was es richtig gemacht hat. Das Longieren entwickelt sich aus dem Gehen des Pferdes neben dem Trainer.

1. Wenn das Pferd manierlich neben Ihnen am lockeren Strick läuft, beginnen Sie damit, in Kurven zu gehen und hin und wieder auch Wendungen einzubauen. Wenn das Pferd dabei den richtigen Abstand zu Ihnen hält und Ihren Kurven folgt: C+B.

Hier noch einmal das Verladen mit dem Targetstick. Wenn das Pferd vorher gut auf den Stick konditioniert wurde, wird es mehr oder weniger hinter Ihnen her ...

2. Nach einiger Zeit nähern sich Ihre Kurven dem vollen Kreis. Immer noch gehen Sie dicht neben dem Pferd, und der Kreis sollte auch nicht zu eng sein. Wenn Sie bemerken, daß das Pferd die Füße seitlich setzt, sind Sie zu eng. Das Pferd erhält C+B, wenn es die Richtungsänderungen und Bewegungen des Trainers bei lockerem Strick mitmacht. Auch hier können Sie den Targetstick einsetzen, um das Pferd in die korrekte Distanz zu Ihnen zu bekommen. Dabei wird aber nicht mehr jeder Nasenstupser mit C+B belohnt, sondern das Pferd muß für einmal C+B mehrmals anstupsen.

3. Und nun beginnt die Biegung. Mit diesen Führübungen verfolgen Sie zwei Ziele: Zum einen macht das Pferd schnellere und langsamere Schrittfolgen neben Ihnen (laufen Sie ruhig zwischendurch einige Meter), zum anderen wird das Pferd mit den Wendungen und Kurven schon auf die Biegung des Körpers vorbereitet. Wenn Ihr Pferd zügig mitläuft, durch alle Wendungen hindurch – und dies über beide Schultern, machen Sie den Strick länger. Nun wird eine Distanz zwischen Ihnen und dem Pferd aufgebaut. Nur wenn das Pferd diese Distanz einhält, erhält es jetzt C+B. Wenn es sich Ihnen nähert oder zu weit

... hineinlaufen!

Und schon ist es im Hänger und erhält dort seine Belohnung.

außen laufen will, brechen Sie ab und unterbrechen auch kurz die Kommunikation mit dem Pferd. So lernt das Pferd, daß hier Distanz gewünscht ist. Wenn Sie die Distanz aufbauen, darf der Kreis nicht zu klein sein. Drei bis vier Pferdelängen sind eine gute Größe. Sie laufen dabei innen neben dem Pferd. Ganz langsam wird dann die Distanz so groß, daß Sie innen den kleinen Kreis abgehen, während Ihr Pferd außen auf dem Zirkel läuft. Jetzt können Sie z.B. das Anhalten und wieder Loslaufen auf Kommando üben.

Der Click beendet das momentane Verhalten

An dieser Stelle sollen die letzten wichtigen Punkte des Clickertrainings besprochen werden. Wenn Sie beim Longieren clicken, hält Ihr Pferd an, wendet sich Ihnen zu und fordert die Belohnung. Mit dem Click wird die momentane Handlung des Pferdes unterbrochen. Das Ziel ist aber, daß das Pferd zügig auf dem Zirkel weiterläuft.

Diesen Punkt der Unterbrechung werden Sie im Training, spätestens beim Training unter dem Reiter, häufiger erreichen: Das Verhalten, welches belohnt wird, soll eigentlich kontinuierlich ausgeführt werden – und C+B stoppt es.

Schleichen Sie sich aus dem Click heraus

Jetzt ist der Punkt erreicht, wo Sie sich aus der Arbeit mit dem Clicker herausschleichen müssen. Dies geschieht, indem Sie ein verbales Lob über den Clicker als zweiten sekundären Verstärker aufbauen. Dieses Lob ist nicht mehr primär mit Futter gepaart. Es besteht also keine Notwendigkeit für Ihr Pferd, anzuhalten und nach dem Leckerli Ausschau zu halten. Für die Konditionierung dieser Assoziation sagen Sie im Training kurz vor jedem C+B das entsprechende Wort (z.B. **BRAV**). Zwischen **BRAV** und dem Leckerli liegt somit noch der Click. **BRAV** wird darum primär mit diesem ersten sekundären Verstärker assoziiert und nur am Rande mit dem Futter. Das verbale Lob darf aber immer erst trainiert werden und zum Einsatz kommen, wenn das gewünschte Trainingsziel halbwegs erreicht ist. Dann wird C+B allein immer seltener benutzt und mehr und mehr durch Lob+C+B ersetzt. Später setzen Sie nur noch das Lob ein, ohne Click und ohne Leckerli. Die Dreierkombination Lob+C+B ist nur für den Übergang.

Jetzt können Sie bei größer werdender Distanz zwischen Ihnen und dem Pferd mit dem Lob arbeiten, wenn das Pferd seine Hand-

Beim Longieren geben Sie dem Pferd mit C+B ein Signal über die gewünschte Distanz zum Menschen – z.B. durch alle Kurven hindurch und über alle Tempi.

lung nicht unterbrechen soll. C+B sollten Sie aber auch bei größerer Distanz ab und zu immer noch einsetzen: als Markierung für ein wirklich perfektes Verhalten. Und danach darf dann ruhig kurz unterbrochen werden. Das erwünschtes Verhalten auf dem Zirkel wurde ja markiert. Hier gehen Sie dann zum Pferd hin und geben das Leckerli.

Weitere Übungen für den Zirkel

Wenn das Pferd gut auf dem Zirkel läuft, verschärfen Sie die Kriterien weiter. Loben Sie oder geben Sie C+B für eine schöne Biegung des Rükkens oder eine perfekte Balance. Sie können Tempiwechsel über die Stimme trainieren und markieren die perfekten Wechsel mit **BRAV** oder C+B.

Schulter herein

Mit dem Clicker können Sie bei jeder Form von Bodenarbeit arbeiten. „Schulter herein" soll als ein weiteres Beispiel vorgestellt werden.

Ausgangssituation

- Ihr Pferd ist in der Schulter noch unflexibel und kann Kopf und Hals nur in der Laufrichtung halten.

Trainingsziel

- Ihr Pferd kann bei gleichzeitiger Lateralbewegung Schulter, Hals und Kopf leicht quer zur Laufrichtung stellen.

Shaping

1. Sie stehen neben Ihrem Pferd, ungefähr auf Schulterhöhe. Sie veranlassen Ihr Pferd, Ihnen den Kopf zuzuwenden. Das Umwenden des Kopfes veranlassen Sie, indem Sie Ihrem Pferd eine Handvoll Leckerli hinhalten. Wenn das Pferd Kopf und Hals korrekt herumgenommen hat: C+B. Sie können Ihr Pferd

aber auch mit dem Targetstick animieren, indem Sie diesen seitlich neben die Schulter halten. Wenn das Pferd den Targetstick berührt: C+B. Für diese Übung müssen Sie unter Umständen zunächst ausprobieren, wo Sie selbst am besten neben dem Pferd stehen, damit das Pferd Hals und Kopf in der richtigen Art und Weise herumnimmt. Der Kopf sollte nicht einfach nur umgewendet werden, sondern die Pferdenase sollte annähernd auf die Höhe der Schulter kommen.

2. Wenn das Pferd den Kopf zügig zur Seite nimmt, drücken Sie in diesem Moment leicht gegen die Schulter. Es soll wirklich nur leicht sein. Das Pferd soll nicht geschoben werden und auch keinen Gegendruck anbieten. Hier kommt es auf das Zusammenspiel Ihrer Hände an. Während Sie mit einer Hand leicht gegen die Schulter drücken, bewegen Sie die andere Hand mit dem Leckerli oder dem Targetstick so, daß das Pferd den Hals in der Beugung etwas strecken müßte, um an das Leckerli oder den Stick zu kommen. Damit provozieren Sie eine gewisse Unbalance bei Ihrem Pferd. Die meisten Pferde werden so animiert, mit den Vorderbeinen etwas nach außen-vorn zu treten: C+B.

3. Achten Sie auf die Vorderbeine: Mehr und mehr arbeiten Sie daran, daß das Pferd eher seitlich tritt als direkt nach vorne. Dies gewünschte Verhalten markieren Sie mit C+B.

Bei einem Pferd, welches das Longieren schon kennt und bei dem z.B. die Peitsche als Signal für „Tempo" etabliert ist, kann man sich mit dem Clickertraining aus diesem Signal herausschleichen, indem daneben ein Wortsignal aufgebaut und mit dem Clicker markiert wird.

4. Drücken Sie parallel mit dem Schulterdruck auch gegen die Hüfte des Pferdes. Jetzt nehmen Sie die Hand, die das Leckerli hält, um kurz die Schulter anzutippen, und die andere Hand drückt gegen den Hüftknochen. Die Schulter wird wirklich nur kurz angetippt, und danach wird diese Hand benutzt, um dem Pferd über ein Bewegen des Leckerli wieder ein Motiv für eine weitere Positionsveränderung zu geben. Nun achten Sie auf die Hinterbeine. Da Sie schon schwerpunktmäßig an den Vorderbeinen das Übersetzen gearbeitet haben, werden diese jetzt fast von selbst in Bewegung gesetzt werden, wenn die Hüfte Druck erhält. C+B gibt es für die korrekte Bewegung der Hinterbeine.

5. Kommando und längere Schrittfolge. Die Reihenfolge bleibt Ihnen überlassen bzw. ist davon abhängig, wie Ihr Pferd mitarbeitet. Wenn Sie die Schrittfolge verlängern, tun Sie dies immer um einen weiteren Schritt seitlich-voraus. C+B gibt es zunächst für einen Schritt, nach einigen Tagen müssen es dann zwei Schritte sein und so weiter. Bedenken Sie: Wenn Sie mit der Schrittzahl anfangen, ist das Kommando immer noch das Antippen von Schulter und Hüfte. Das gesprochene Kommando etablieren Sie, indem Sie es in die durch Antippen ausgelöste Bewegung des Pferdes hinein sagen und gleich danach C+B geben.

Auch wenn das Pferd nach dem Click anhält, um die Belohnung zu bekommen: Der Click hat punktgenau das gewünschte Verhalten markiert (siehe Seite 106).

Reiten, Clicken – und so geht es weiter

Reiten – oder soll Ihr Pferd Kunststücke lernen?

Auch beim Reiten können Sie mit dem Clicker arbeiten. Wie schon beim Longieren angesprochen, markieren Sie damit punktgenau das momentane „gute“ Verhalten. Ihr Pferd kann also im Grunde gerne danach anhalten und das Leckerli fordern. Sie können es vom Pferd aus geben, indem Sie sich seitlich am Hals nach vorne beugen (Foto S. 65). Dieses Anhalten des Pferdes kann aber unter Umständen in einem abrupten Stop gezeigt werden – und hier liegen die Grenzen für die Arbeit mit dem Clicker unter dem Reiter. Sie müssen sich daher vorher überlegen, ob ein zügiger Stop praktikabel ist bzw. Sie müssen das Pferd sehr schnell auf einen zweiten sekundären Verstärker wie das verbale Lob konditionieren.

Gut einsetzen läßt sich der Clicker, wenn zwei Personen mit dem Pferd arbeiten: Einer sitzt auf dem Pferd, und einer begleitet als Trainer vom Boden aus. Gerade das „Schulter herein“ kann man so gut unter dem Reiter üben. Auch hier sollte dann aber zügig ein sekundärer Verstärker konditioniert werden.

Ein Beispiel – das Angaloppieren

Das Stellen des Pferdes

Für das Reiten bietet sich das Clickertraining überall da an, wo Sie sich sowieso in einer Art Shapingprozeß befinden. Dies ist immer dort der Fall, wo es um das saubere Ausführen von Kommandos geht. Zum Beispiel das saubere, kontrollierte Angaloppieren. Hier können Sie schon beim Stellen des Pferdes den Clicker einsetzen, um sich langsam aber sicher von der leichten Stellung von Hals und Kopf zur Biegung des ganzen Pferdes vorzuarbeiten. Das Prinzip der Hilfen mit Gesäß, Zügel und Beinen beruht ja auf der negativen Belohnung. Das Pferd versucht zunächst nichts anderes, als über eine veränderte Körperhaltung dem Druck und / oder Zug auszuweichen. Durch die Art und Weise, wie und wo der Reiter diesen Druck und Zug einsetzt, erreicht er diejenige Körperhaltung beim Pferd, die er haben will. Wo liegt hierbei die Belohnung für das Pferd: Der Reiter gibt für kurze Zeit mit der Hilfe nach. Und genau hier kann der Clicker zum Einsatz kommen. Über den Clicker belohnen Sie das Pferd für die

Gewöhnung an den Menschen auf dem Rücken – und daran, vorher ruhig neben einer Aufsteigehilfe zu stehen. Dazu darf diese erst einmal beschnuppert werden: C+B.

Jetzt kommt Gewicht in den Steigbügel. Bleibt das Pferd entspannt, gibt es C+B und das Gewicht wird leicht erhöht.

Falls das Pferd Unruhe oder Angst zeigt, bricht man ab und trainiert an diesem speziellen Punkt über C+B, bis die Gewöhnung eingetreten ist.

Der kritische Punkt: Wenn das freie Bein über den Pferderücken gehoben wird. So viel Ruhe und Gelassenheit werden mit C+B belohnt.

Eventuell muß man das Aufsitzen und das Verhalten des Pferdes dabei (ruhig stehenbleiben!) in separaten Trainingsdurchläufen einüben.

momentane Körperhaltung, die es aufgrund eines Signals (oder mehrerer Signale) eingenommen hat. Sie haben so die Möglichkeit, über sehr dezente Signale (Hilfen) Veränderungen in Körperhaltung und Stellung des Pferdes zu erreichen und belohnen dabei die, die Ihnen am besten gefallen. Dies ist ein Shapingprozeß. Langsam aber sicher tasten Sie sich an die letztlich gewünschte korrekte Stellung heran, ohne über zunächst massiven Druck und Zug zu arbeiten, der dann abgebaut wird. Und die Belohnung für das Pferd ist nicht das kurze

Auf einem konzentrierten und aufmerksamen Pferd zu sitzen – davon träumen alle Reiter. Wenn sie dieses aufmerksame Pferd dann erst einmal haben, sehen sie es oft als Selbstverständlichkeit an.

Menschen neigen dazu, „Selbstverständlichkeiten" nicht mehr zu beachten. Aber was für Menschen selbstverständlich ist, ist es für Pferde noch lange nicht.

Unterbrechen in den Hilfen – denn diese kommen ja wieder – sondern der sekundäre Verstärker, der den Moment des gewünschten Verhaltens markiert.

Und jetzt – der erste Galoppsprung

Wenn das Stellen des Pferdes zum Angaloppieren problemlos klappt, beginnen Sie mit einer ruhigen treibenden Hilfe für den ersten Galoppsprung. Über die Übungen zum Stellen haben Sie ein aufmerksames Pferd, welches „bei Ihnen ist". Die Wahrscheinlichkeit, daß es jetzt zu einem wilden Hüpfer kommt, ist geringer, als wenn Sie mit starken Hilfen und ohne Training für die Körperhaltung gearbeitet hätten. C+B bzw. Lob+C+B bzw. nur Lob folgen jetzt nicht für die Stellung, sondern für den ruhigen ersten Galoppsprung. Dann muß Ihr Pferd mehr und mehr Galoppsprünge machen, um das Lob zu hören. Anfangs können alle drei sekundären Verstärker eingesetzt werden, spätestens wenn Sie drei oder mehr Galoppsprünge haben wollen, sollten Sie nur noch mit Lob arbeiten. Ab jetzt würde die Unterbrechung nach dem Clickgeräusch (um die Belohnung zu erhalten) störend sein. Auch hier belohnen Sie wieder die Elemente in der Bewegung bzw. die Schrittfolgen, die Ihnen am besten gelungen erscheinen.

Solche Übungen kann man übrigens auch gut mit Pferden machen, die schon ausgebildet sind, aber zum Beispiel Probleme haben, in einen ruhigen Galopp zu fallen, oder sich schlecht stellen lassen.

Zeigen Sie Ihrem Pferd also, daß seine Aufmerksamkeit und Konzentration erwünscht sind: über C+B.

Vergessen Sie aber nicht, auch sich selbst hin und wieder zu belohnen. Solche Galopp-Passagen sind dann Ihre Belohnung ...

Hier ist es immer wichtig, sich wieder auf die Basis zu besinnen. Wenn bestimmte Kommandos (Hilfen) schon massiv negativ belegt sind, hat es keinen Zweck, an ihnen auf dieser Stufe weiter herumzudoktern. Fangen Sie dann deutlich weiter vorne im Trainingsprogramm noch einmal mit einem Grundlagentraining an.

Das A und O – die Biegung

Das Beispiel vom Angaloppieren und dem Stellen kam nicht von ungefähr. Fast das wichtigste beim Reiten ist es, abgesehen von der Aufmerksamkeit des Pferdes, die richtige Biegung / Stellung des Pferdes zu erreichen. Erst dann ist es zu weiteren Aktionen, zum Beispiel der Beine, bereit. Diese Biegung findet im Rücken statt und ist in der Art und Weise, wie das Reiten sie erfordert, für Pferde zunächst nicht natürlich. Wer sich ein junges, untrainiertes Pferd oder ein Wildpferd anschaut, das frei auf einem Zirkel galoppiert, wird kaum eine und unter Umständen sogar gar keine Biegung des Rückens feststellen. Für das Pferd wäre es natürlicher, sich mit dem Oberkörper schräg zur Zirkelmitte hineinzulegen wie ein Motorradfahrer. Kopf und Hals wären dabei sogar leicht nach außen gerichtet. In dieser Stellung wäre es für den Reiter denkbar unbequem, und die Kontrollmöglichkeiten über das Pferd sind sehr eingeschränkt. Nur durch die Hilfen erreicht der Reiter diese geänderte Körperhaltung (Biegung), die ihm einen angenehmen Sitz beschert und die dauerhafte Kontrolle der Bewegungen ermöglicht.

Ich habe bei meiner Stute vor mehreren Jahren über das Clikkertraining den Tölt verbessert. Sie ist ein sehr steifes Pferd und war unsauber im Tölt. Sie fiel schnell aus dem Tölt in den Paß – und meine Reitkenntnisse waren nicht gut genug, um dieses Problem nach üblichen Methoden in den Griff zu kriegen. Dies war für mich der eigentliche Ansatz, mein Pferd auf den Clicker zu konditionieren.

Nach der Bodenarbeit für das „Schulter herein" folgen Passagen unter dem Reiter. Über ein etabliertes verbales Kommando (aus der Bodenarbeit) kann man sich mit C+B sofort in minimale und dezente Hilfen im Sattel hineinarbeiten.

Bis dahin hatte ich den Clicker nur in der Hundeausbildung eingesetzt. Einige wenige Schritte im Tölt hat mein Pferd damals immerhin gezeigt, bevor es unsauber wurde. Für diese vier bis fünf Töltschritte gab es dann C+B. Dann wurden langsam die Anforderungen gesteigert: Immer länger mußte das Pferd tölten, bevor es einmal C+B erhielt.

Dabei habe ich einen Schwerpunkt zunächst auch auf das Üben der Biegung gesetzt. Steife Tölter, die zum Paß neigen, sind in der langen Rückenmuskulatur extrem steif und müssen das Gefühl und die Kontrolle der eigenen Muskulatur erst lernen. Hier hilft der Clikker dem Pferd, diese Kontrolle zu erlangen. Bodenarbeit und Longenarbeit standen also mit auf dem Programm.

Die abrupten Stops waren auch hierbei das Problem, und darum habe ich damals auch zügig ein verbales Lob eingeführt. Ich konnte die abrupten Stops aber etwas abmildern, indem ich den Clikker auch konkret für Anhaltübungen aus unterschiedlichen Tempi

Beim Springen erfolgen C+B nie in der Absprungsphase.

Der Click soll erst dann erfolgen, wenn das Pferd mit dem Schwerpunkt auf alle Fälle genau über dem Hindernis ist – am besten, wenn es damit schon leicht auf der anderen Seite liegt.

benutzt habe. Im Shapingprozeß wurde herausgearbeitet, daß es die Belohnung (C+B) nur gab, wenn das Pferd auf das Signal (Hilfen zum Anhalten) zwar zügig und deutlich, aber nicht abrupt zum Stehen kam. Insgesamt haben sich dadurch auch die anderen Stops verbessert, wenn das Pferd den Clicker bei verschiedensten Übungen gehört hat und sich sein Leckerli abholen wollte.

Leider – auch Pferde verlernen

Seien Sie ehrlich: Wie gut beherrschen Sie die Fremdsprachen noch, die Sie einmal in der Schule gelernt haben? Kaum? Aber Sie haben es doch damals gelernt und eigentlich auch ganz gut gekonnt? Ach so – Sie haben die Fremdsprachen seitdem nicht mehr benutzt!

Genauso geht es dem Pferd. Wenn Sie ihm etwas beibringen und dies dann nicht regelmäßig auffrischen, wird es wieder verlernt. Wie häufig erlernte Dinge im Gehirn „am Leben erhalten" werden müssen, kann man nicht vorhersagen. Hier lernt und verlernt jedes Gehirn unterschiedlich. Wichtig ist nur, daß Sie sich als Reiter und/oder Trainer über diese Tatsache im klaren sind und regelmäßig mit Ihrem Pferd einmal gelernte Verhaltensweisen trainieren und wiederholen, damit sie nicht in Vergessenheit geraten.

Ab dieser Phase kann das Pferd nur noch landen – und landen muß es, um an die Belohnung zu kommen.
Auch eine gute Beintechnik über dem Sprung kann geclickt werden.

Sie können Ihr Pferd auch für eine sanfte, kontrollierte Landung clicken.

Die Methode der unbegrenzten Möglichkeiten

Was wollen Sie noch mit Ihrem Pferd trainieren? Lassen Sie Ihre Phantasie spielen. Im Freispringen könnten Sie den Clicker zum Beispiel gut einsetzen. Hier haben Sie jede Möglichkeit, einen besonders guten und schönen Sprung mit dem Clicker zu markieren.

1. Beginnen Sie dies zunächst mit Cavalettitraining am Strick. Sie laufen neben dem Pferd und markieren die Passagen mit C+B, die dem Pferd gut gelingen.
2. Dann trainieren Sie das Laufen über die Cavalettis, ohne daß das Pferd am Strick gehalten wird. Zunächst werden die Cavalettis im Schritt genommen. So können Sie mit C+B am Abstand zwischen Ihnen und dem Pferd arbeiten. Erst wenn

Warum lernen Pferde Tricks häufig so viel schneller und verläßlicher als andere Kommandos? Weil der Trainer bei solchen Tricks sehr oft viel entspannter ist als beim normalen Training. Die Entspannung des Trainers überträgt sich sofort auf das Pferd – und umgekehrt. Im Ernstfall (unter Streß und Anspannung) lernt man nun einmal nicht so gut.

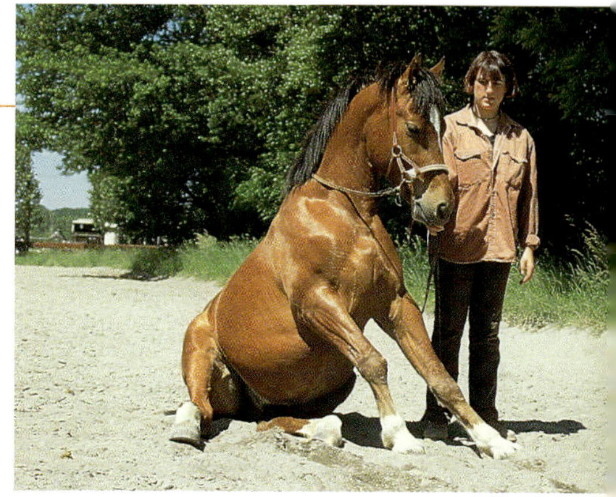

dieser gut vom Pferd eingehalten wird, gehen Sie zum Trab über. Das Pferd soll frei neben Ihnen laufen, und es erhält den Click erst beim letzten Cavaletti während der Schwebephase. So arbeiten Sie heraus, daß diese Arbeit beendet sein muß, bevor das zugehörige Leckerli geholt werden kann. Das Pferd muß seine Aktion über das Cavaletti erst beenden, bevor es sich Ihnen zuwenden kann.

3. Wenn Sie dann langsam zu höheren Hürden übergehen, ist es für Ihr Pferd selbstverständlich, daß es erst einmal landen muß, bevor es sich Ihnen zuwenden und das Leckerli erhalten kann.

Die Trickkiste geht auf

Soll das Pferd sich verbeugen?

Shaping

1. Sie stehen seitlich neben dem Pferd auf Sattelhöhe. Der Targetstick wird von der Seite so unter die Brust des Pferdes gehalten, daß das Pferd den Kopf von vorne zwischen die Beine stecken muß, um mit der Nase daran zu kommen. Zu Beginn schieben Sie den Stick so weit vor, daß er zwischen den Vorderbeinen des Pferdes schon wieder hervorkommt. Das Pferd muß sich so

nicht besonders anstrengen, um mit der Nase daran zu kommen – es nimmt einfach den Kopf etwas nach unten. C+B.

2. Jetzt wird der Stick etwas tiefer gehalten und auch leicht zwischen den Vorderbeinen zurückgezogen. Das Pferd muß also den Kopf bzw. die Nase etwas zwischen die Vorderbeine stekken. C+B. Hier müssen Sie ausprobieren, wie weit der Targetstick zwischen den Vorderbeinen verschwinden darf. Das Pferd darf nämlich keinen Schritt nach hinten machen im Bemühen, den Stick zu erreichen. An diesem Punkt sollten Sie einige Tage stehenbleiben, um dieses Verhalten gut zu konsolidieren.

3. Wenn das Pferd den Stick mit der Nase berührt und tatsächlich nur den Körper etwas nach hinten schiebt, wird der Stick noch ein kleines bißchen tiefer und noch etwas weiter nach hinten gehalten. Das Pferd kann jetzt aus der Position des nach hinten geschobenen Körpers keine großen Schritte machen. Die meisten Pferde fangen jetzt an zu „knicksen", um die Nase doch noch an den Targetstick zu bringen: Sie stellen ein Vorderbein etwas nach hinten und halten es leicht gebeugt, während das andere am Platz bleibt und durch den nach hinten-unten geschobenen Körper eine Streckung erfährt: C+B.
4. Sie etablieren das Kommando.

Vertrauen ist der Anfang von allem – egal ob Fußballspielen, Reiten im Gelände oder Turniersport.

Fußballspielen – Schuß und Tor

Shaping

1. Ein Ball liegt im Paddock. Für jeden Kontakt zwischen Pferdehuf und Ball: C+B. Wenn das Pferd zunächst keine Veranlassung sieht, den Ball mit dem Huf zu berühren, machen Sie es wie beim Targetstick-Training. Sie schieben den Ball mit Ihrem Fuß leicht gegen den Pferdehuf: C+B. Dies machen Sie so lange, bis das Pferd von alleine bereit ist, den Ball mit dem Huf zu berühren.
2. Der Ball muß durch den Kontakt mit dem Pferdehuf ein kleines bißchen ins Rollen kommen: C+B.
3. Der Ball muß deutlich in Bewegung kommen: C+B.
4. Der Ball muß in Ihre Richtung gekickt werden: C+B.
5. Sie kicken den Ball in Richtung Pferd, und das Pferd kickt zurück: C+B.
6. Sie und das Pferd bewegen sich im Paddock und kicken den Ball hin und her.

Das Pferd "tanzt" auf der Weide – aus lauter Übermut. Auch hier kann man mittels C+B eine Zirkusnummer daraus machen.

Können Pferde rechnen?

Zum Schluß möchte ich noch eine Anekdote zum Lernverhalten erzählen. Sie erinnern sich an den Beginn dieses Buches: die drei banalen Grundsätze zum Lernen, Verhalten und zur Kommunikation? Diese Anekdote faßt sehr schön zusammen, wie wichtig es ist, gerade die banalen Dinge zu beachten, und wie wichtig es ist, die theoretischen Grundlagen im Kopf zu haben, wenn man Pferde oder andere Tiere ausbildet.

Der schlaue Hans

Hans war ein Pferd und lebte zu Beginn diese Jahrhunderts bei einem pensionierten Armeeoberst namens van Osten. Hans war das schlauste Pferd Deutschlands: Er konnte rechnen. Dabei konnte Hans nicht nur zwei und zwei addieren, sondern er konnte auch subtrahieren, multiplizieren und sogar Wurzeln ziehen. Das Ergebnis wurde durch Klopfen mit dem Huf vorgetragen, und für das richtige Ergebnis bekam Hans eine Belohnung in Form von Futter. Kaiser Wilhelm hörte von Hans und schickte eine Expertenkommission, um Hans´ Fähigkeiten zu prüfen. Pferde spielten damals für militärische Zwecke noch eine große Rolle, und intelligente Pferde wären sicherlich nützlich gewesen. Die Experten veranstalteten eine Vielzahl an Tests. Sie gingen davon aus, daß der Besitzer Hans irgendwelche Zei-

chen geben würde – und darum durfte Herr van Osten bei den Tests nicht dabei sein. Anscheinend konnte Hans wirklich rechnen. Auch ohne Besitzer löste er über 80 % der Rechenaufgaben korrekt!

Bevor ich Ihnen die Lösung erzähle, überlegen Sie jetzt nur für einen kleinen Moment, was der Grund für Hans´ Rechenleistungen gewesen sein könnte, wenn es kein antrainiertes Zeichen des Besitzers war.

Ein junger Student der Psychologie (Otto Pfungst) wollte nicht so recht an das „rechnende Pferd" glauben. Er führte neue Tests mit Hans durch und kam dabei zu einem interessanten Ergebnis. Wenn Hans eine Rechenaufgabe gestellt bekam und nur eine der anwesenden Personen die Lösung dieser Aufgabe wußte – wußte Hans die Lösung auch. Wenn niemand der anwesenden Personen die Aufgabe lösen konnte, oder wenn Hans bei der Lösung der Aufgabe niemanden sehen konnte, „rechnete" er völlig falsch. Otto Pfungst war ein sehr guter Beobachter, und so entdeckte er die Lösung des Rätsels. Die Menschen gaben Hans unbewußt und ungewollt Hinweise, wann er genug auf den Boden geklopft hatte und somit die Belohnung erhalten würde. Pfungst beobachtete eine Vielzahl von Rechensituationen und machte folgende Beobachtungen. Ohne darüber nachzudenken, zeigten alle Fragesteller Hans gegenüber ein leichtes Nicken des Kopfes, wenn Sie Ihre Frage zur Lösung der Rechenaufgabe XY gestellt hatten. Dieses Nicken war für Hans das Zeichen, mit dem Klopfen des Hufes zu beginnen. Wenn Hans die richtige Zahl geklopft hatte, zeigten alle Menschen, die die richtige Lösung wußten, eine Änderung der Körperspannung. Jetzt war ja der kritische Moment: Hört er hier auf, oder klopft er weiter? Diese Anspannung war für Hans eines der Zeichen, mit dem Klopfen aufzuhören. Hans war in der Tat ein sehr schlaues Pferd! Er hatte gelernt, auf solche kleinsten Verhaltensveränderungen bei den Menschen zu achten.

Hans war sehr sensibel für kleinste Änderungen in Körpersprache und Mimik beim Menschen. Er achtete zum Beispiel auch auf das Heben von Augenbrauen oder eine Weitstellung der Nasenlöcher. Dies sind beim Menschen auch Anzeichen für Anspannung und Erwartung. Otto Pfungst konnte später Hans' Rechenleistung über solche Gesten (Augenbrauen) perfekt manipulieren

Hans hatte sich selbst etwas beigebracht. Er war hoch motiviert gewesen durch die Belohnung und er hat für sich zügig die Assoziationen hergestellt, die am erfolgversprechendsten waren.

Diese Geschichte sollte noch einmal zum Nachdenken anregen. Wenn ein Pferd sich solch einen Zirkustrick alleine beibringen kann, nur um an seine Belohnung zu kommen – wieviel erfolgreicher können Sie dann in Ihrem Training sein, wenn Sie die Lerntheorie in die Praxis umsetzen? Probieren Sie doch einfach die eine oder andere Übung in diesem Buch aus, nachdem Sie den Clicker geladen haben. Ich wünsche Ihnen ein hochmotiviertes Pferd, viel Erfolg und vor allen Dingen viel Spaß.

Service

Zum Weiterlesen

- Aguilar, Alfonso: **Wie Pferde lernen wollen;** Bodenarbeit, Erziehung und Reiten, Kosmos 2004
  Bekannt für seine begeisternde und einfühlsame Art im Umgang mit Pferden zeigt Alfonso Aguilar anhand praktischer Übungen, wie Pferde in ihrem Wesen begriffen und gefördert werden können.

- Bayley, Lesley: **Trainingsbuch Bodenarbeit;** Die Methoden und Übungen der besten Pferdeausbilder, Kosmos 2006
  Informieren Sie sich über die verschiedenen Möglichkeiten der Bodenarbeit und erkennen Sie, wie Sie diese optimal nutzen können: Mit Monty Roberts, Pat Parelli, Linda Tellington-Jones u.a.

- Cummings, Peggy: **Connected Riding;** Besser reiten mit inneren Bildern, Kosmos 2005
  Connected Riding ist wie ein geschmeidig perfekter Tanz mit dem Pferd. Die Weiterentwicklung der Sally-Swift-Methode zeigt Ihnen leicht nachvollziehbare Wege zum niveauvollen Reiten in Harmonie und Balance.

- Schöning, Barbara Dr.: **Das Kosmos Erziehungsprogramm Pferde;** Pferdeverhalten verstehen, Verhaltensprobleme vermeiden und lösen, Pferde richtig motivieren, Kosmos 2004
  Hier finden Sie das kleine Einmaleins des guten Benehmens für Pferde und wie Sie es mit Ihrem Pferd spielerisch und mit Freude erreichen können.

- Simonds, Mary Ann: **Was Pferde wirklich brauchen;** Der Weg zu Ausgeglichenheit und Leistungsstärke, Kosmos 2006
  Die Verhaltensforscherin beschreibt aufrüttelnd, welche Bedürfnisse Pferde haben und warum. Sie zeigt, wie man Pferden auch unter nicht optimalen Bedingungen ein artgerechtes Leben bieten kann, denn Pferde sind Meister der Kooperation – der Mensch muss sie nur verstehen.

- Tellington-Jones, Linda: **TTEAM und TTouch für Pferde;** Der sanfte Weg zu Gesundheit, Leistung und Wohlbefinden, Kosmos 2002
  Das Praxisbuch beschreibt in übersichtlicher Form alle Tellington-TTouches und alle Übungen aus der TTEAM-Bodenarbeit.

Nützliche Adressen

Deutsche Reiterliche
Vereinigung (FN)
Freiherr-von-Langen-Str. 13
48231 Warendorf
Tel.: 02581-63620
Fax 02581-62144
www.fn-dokr.de

Bundesfachverband für Reiten
und Fahren in Österreich
Geiselbergstr. 26-32 /Top 512
A – 1110 Wien
Tel.: 0043-(0)1-7499261-13
Fax 0043-(0)1-7499261-91
www.fena.at

Schweizerischer Verband
für Pferdesport
Papiermühlestr. 40
Postfach 726
CH – 3000 Bern 22
Tel.: 0031-(0)335-4343
Fax 0031-(0)335-4358
www.svps-fsse.ch

Vereinigung der Freizeitreiter
und -fahrer/in Deutschland (VFD)
Auf der Hohengrub 5
56355 Hunzel
Tel.: 06772-9630980
Fax 06772-9630985
www.vfdnet.de

TTEAM Deutschland
Bibi Degn
Hassel 4
57589 Pracht
Tel.: 0049-(0)2682-8886
Fax 0049-(0)2682-6683
www.tteam.de

TTEAM Österreich
Martin Lasser
Spitalgasse 7
A – 2549 Bad Vöslau / Gainfarm
Tel.: 0043-(0)664-1250252
www.tteamoffice.at

TTEAM Schweiz
Christine Wittwer-Kronberg
CH – 3504 Oberhüningen
Tel.: 0031-(0)791-1722
www.tteam-ttouch.ch

TTEAM® News International
Newsletter mit LTJ und aktuellen Infos und Artikeln zu TTouch und TTEAM erscheint vier Mal im Jahr. Kann über www.tteam.de bestellt werden.

FS Reit-Zentrum Reken
Frankenstr. 37
48734 Reken
Info-Tel.: 0049-(0)2864-2434
oder 0049-(0)2864-2819
Fax 0049-(0)2864-5860
www.fs-reitzentrum.de
info@fs-reitzentrum.de

Register

Aggression 26
Angaloppieren 106
Ängstliches Verhalten 92
Assoziation 14
Assoziationszeit 19
Aufsteigen 107
Ausgangspunkt für das Training 53
Auslösesignal 19

Belohnen in Intervallen 25
Belohnung 22
Belohnung, permanente 56
Belohnung, variable 56, 64
Belohnungssystem, internes 40
Berührungstraining 74
Bestärker 22
Bettler 46
Biegung 109
Bodenarbeit, gymnastische 72

Cavalettitraining 113
Click und Belohnung 44
Clicker laden 36, 42
Clickereinsatz 40
Clickereinsatz, Gründe für den 37
Clickertraining, Grundprinzipien 66

Desensibilisierung 94
Distanz, gewünschte 82
Distanz, praktische 42
Empfänger 14, 34
Endgültiges Kommando 54
Erwartungshaltung 45
Etablierung des Signals 62

Freispringen 113
Frustration 59
Führen 79 ff.
Fuß geben 82 ff.
Fußballspielen 116

Gefahrenparcours 95
Gegenaggression 26
Gehirnfunktion 44
Gehorsamsverweigerung 15
Generalisieren 55
Gerte 61
Gewöhnung an den Sattel 58
Gewöhnungsphase 47
Gewöhnungstraining 74
Gewöhnungstraining mit Fohlen 76
Gewünschte Distanz 82
Gliederung des Trainings 53
Gründe für den Clickereinsatz 37
Grundprinzipien des Clickertrainings 66

Halftertraining 78

Ignorieren 31
Instrumentelle Konditionierung 16
Internes Belohnungssystem 40

Jackpot 66

Klassische Konditionierung 16
Ködern 60
Kommando 56
Kommando, endgültiges 54
Kommunikation 12, 14, 34
Konditioniertes Signal 19
Konditionierung 14
Konditionierung des Clicks 38
Konditionierung, instrumentelle 16
Konditionierung, klassische 16
Kontextspezifisches Lernen 32

Kopf senken 86
Korrektur 63
Kunststücke lernen 106

Labyrinth 69
Laden des Clickers 37
Lernen 12
Lernen, kontextspezifisches 32
Lernverhalten 11, 44
Loben 23
Longieren 98

Mißerfolgsmeldung 32
Motiv 21
Motivationsmangel 65
Motivationswert des Futters 38
Negative Verstärker 24
Negative Verstärkung 28

Pavlov 16
Permanente Belohnung 56
Positive Verstärkung 28
Praktische Distanz 42
Primäre Verstärker 22

Rangordnung 87
Reiten 106

Sattel, Gewöhnung an den 58
Schulter herein 101
Sekundäre Verstärker 23
Sekundäre Verstärker, andere 50
Sender 14, 34
Shaping 52 f.
Signal 34
Signal konditionieren 19
Slalomlaufen 80
Stehen 91
Strafe 24
Stress 59
Stressverhinderung 26

Targetstick 68
Taschenkriecher 46, 48
Thorndyke 16
Timing 19
Tölt 110
Training gliedern 53

Übermotivation 46
Übungen am Boden 73
Übungen für den Zirkel 101
Umweltreize 34

Variable Belohnung 56, 64
Verbeugen 114
Verhalten 12
Verladen 96
Verladen mit dem Targetstick 97
Verlernen 112
Verstärker 22
Verstärker, andere sekundäre 50
Verstärker, negative 24
Verstärker, primäre 22
Verstärker, sekundäre 23
Verstärkung, negative 28
Verstärkung, positive 28

Weggehen 87 ff.

Impressum

Umschlag von eStudio Calamar unter Verwendung eines Farbfotos von Bob Langrish (Hauptmotiv) und drei Farbfotos von Christof Salata/Kosmos (Umschlagrückseite)

Mit 200 Farbfotos

Bibliografische Information Der Deutschen Bibliothek
Die Deutsche Bibliothek verzeichnet diese Publikation in der Deutschen Nationalbibliografie; detaillierte bibliografische Daten sind im Internet über http://dnb.ddb.de abrufbar.

Alle Angaben und Methoden in diesem Buch sind sorgfältig erwogen und geprüft. Sorgfalt bei der Umsetzung ist indes doch geboten. Verlag und Autorin übernehmen keinerlei Haftung für Personen-, Sach- oder Vermögensschäden, die im Zusammenhang mit der Anwendung und Umsetzung entstehen könnten.

KOSMOS

Postfach 10 60 11
D-70049 Stuttgart
TELEFON +49 (0)711-2191-0
FAX +49 (0)711-2191-422
WEB www.kosmos.de
E-MAIL info@kosmos.de

Gedruckt auf chlorfrei gebleichtem Papier

2. Auflage, 2006

ISBN-13: 987-3-440-10786-7
ISBN-10: 3-440-10786-8
Redaktion: Ute-Kristin Schmalfuß
Produktion: Kirsten Raue, Claudia Kupferer
Printed in Czech Republic / Imprimé en République Tchèque

Bildnachweis

Hans D. Dossenbach (S. 4, 36, 37); Klaus-Jürgen Guni (S. 9); Thomas Höller (S. 114, 115); Lothar Lenz (S. 18, 19, 22, 23); Naturfoto Kuczka (S. 14, 15); Angelika Schmelzer (S. 6, 7, 8, 20, 21); Sabine Stuewer (S. 10, 11, 12, 13, 26, 27, 28, 29, 30, 31, 32, 40, 41, 51, 118, 119, 120, 121); Gaby Kärcher/Sorrel (S. 104, 105); Horst Streitferdt/Kosmos (S. 50). Alle anderen Fotos sind von Christof Salata/Kosmos.